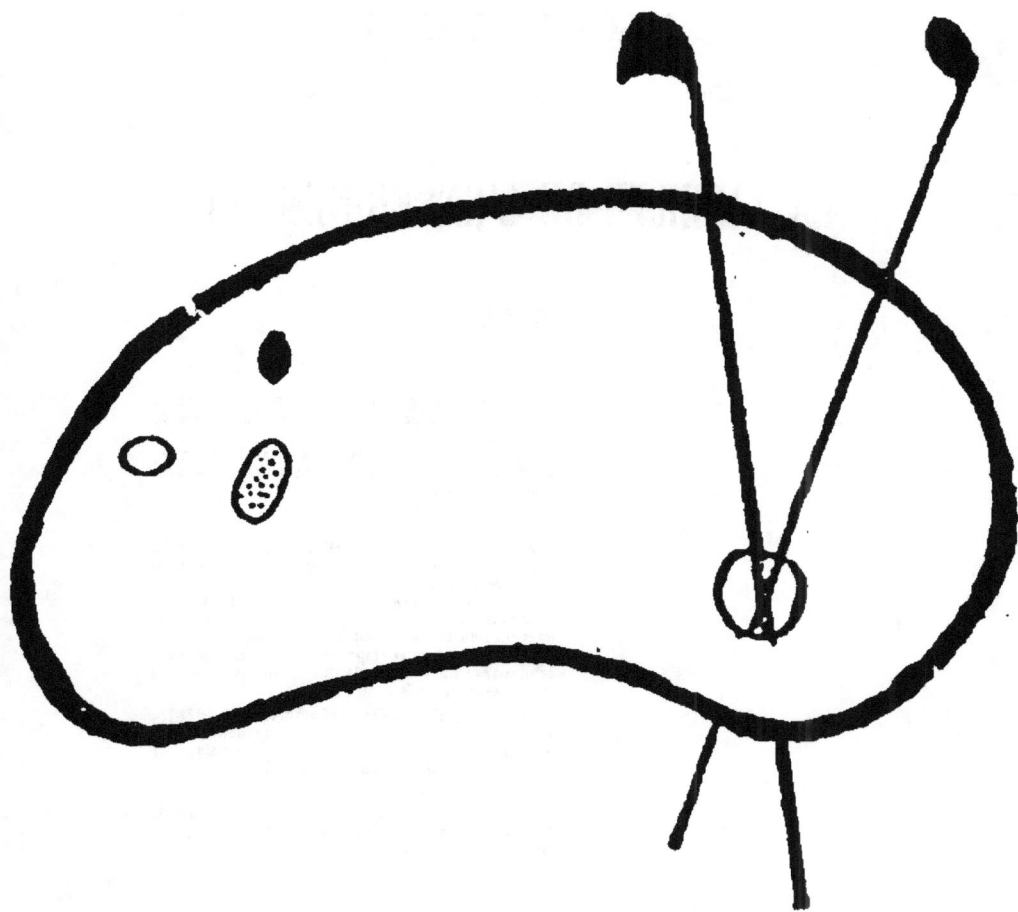

DEBUT D'UNE SERIE DE DOCUMENTS
EN COULEUR

L'ÉDUCATION PRATIQUE

SELON LA SCIENCE

Pour les deux Sexes

ET

LA LIBERTÉ DE L'ENSEIGNEMENT

PAR

RAMA

Les religions, qui varient, se morcellent et se contredisent, exigent la foi. Elles ont besoin de l'autorité.

La science, qui progresse, s'unifie et s'harmonise, n'affirme que par la preuve. Sa puissance souveraine est dans la liberté.

Fréd. BASTIAT, *La loi*, 1850, p. 12 : « Le plus sûr pour que les lois soient respectées, c'est qu'elles soient respectables. »

La loi ne crée pas le droit : il est inhérent à l'individu. Elle ne peut que le reconnaître et le garantir, ou le méconnaître et le violer.

La loi est toujours respectable quand elle garantit le droit, et ne l'est jamais quand elle le viole. « Il n'y a point de droit contre le droit. »

GAMBETTA, député, *Journal officiel*, 1 mars 1873, p. 1444, c. 2 : « Nous voulons la République avec ses libertés, c'est-à-dire ses droits primordiaux de presse, de réunion, d'association, mis au-dessus des lois elles-mêmes. »

Jules FERRY, député, *Journ. offic.*, 29 mai 1872, p. 3580, c. 2 : « Adoptons *la même loi pour tous, sans exception.* »

Prix : 1 fr.; par la poste, franco : 1 fr. 25

Chez l'Auteur, à Bourg-la-Reine (Seine), rue de la Gare, 5;

A la *Librairie de l'Education laïque*, Paris, rue Hautefeuille, 1 bis;

Chez JEANMAIRE, libraire-éditeur, Paris, rue des Bons-Enfants, 32.

INSTITUTION RAMA, POUR JEUNES FILLES

fondée en 1875

BOURG-LA-REINE (SEINE), RUE DE LA GARE, 5

~~~~~~~~

Campagne choisie pour l'hygiène. — Soins exceptionnels de la santé et de l'éducation morale. — Programme *utilitaire*, dans la plus large acception du mot, sans exclure aucun des éléments des programmes ordinaires pour l'éducation des filles. — Méthode rationnelle, scientifique, pour toutes les études. — Liberté de conscience assurée également pour toutes les croyances. — Admission sans condition d'âge. — Point d'externes.

Télégraphe, bureau de poste, médecin et pharmacien.

A 22 MINUTES AU SUD DE PARIS

Par le chemin de fer de Sceaux

DÉPARTS : de Paris, toutes les heures 5 minutes ;
— de Bourg-la-Reine, toutes les heures 53 minutes.

Paris. — Imp. Moderne (Wattier, D⁹), 61, rue J.-J.-Rousseau.

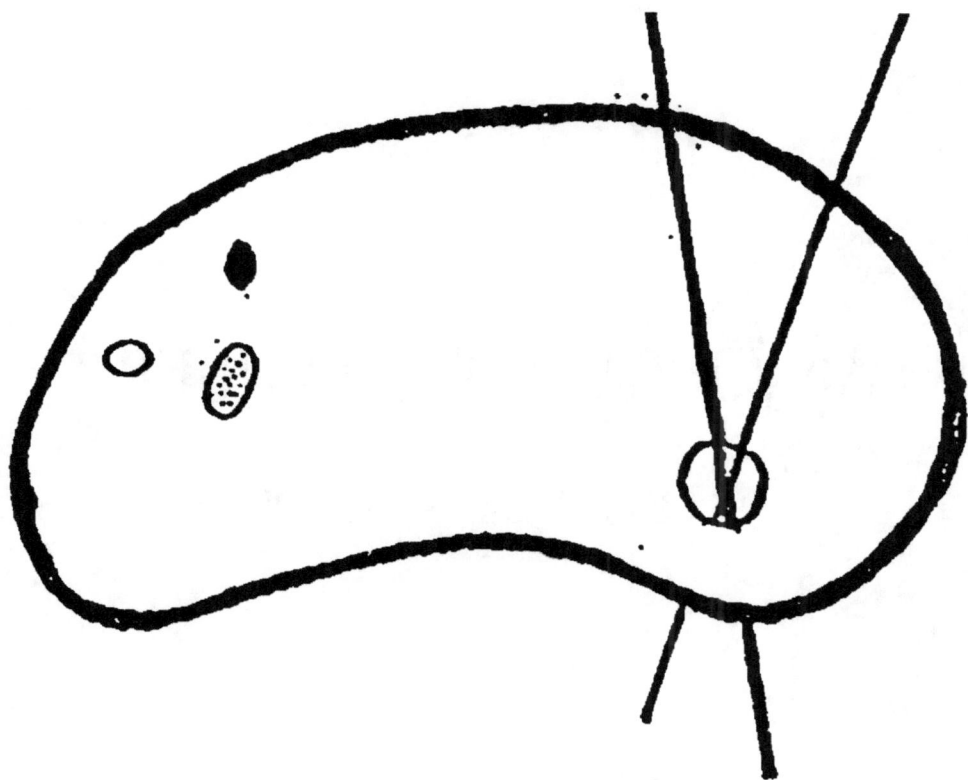

FIN D'UNE SERIE DE DOCUMENTS
EN COULEUR

L'ÉDUCATION PRATIQUE

SELON LA SCIENCE

L'ÉDUCATION PRATIQUE

SELON LA SCIENCE

Pour les deux Sexes

ET

LA LIBERTÉ DE L'ENSEIGNEMENT

PAR

RAMA

Les religions, qui varient, se morcellent et se contredisent, exigent la foi. Elles ont besoin de l'autorité
La science, qui progresse, s'unifie et s'harmonise, n'affirme que par la preuve. Sa puissance souveraine est dans la liberté.

Fréd. BASTIAT, *La loi*, 1850, p. 12 : « Le plus sûr pour que les lois soient respectées, c'est qu'elles soient respectables. »
La loi ne crée pas le droit : il est inhérent à l'individu. Elle ne peut que le reconnaître et le garantir, ou le méconnaître et le violer.
La loi est toujours respectable quand elle garantit le droit, et ne l'est jamais quand elle le viole. « Il n'y a point de droit contre le droit. »
GAMBETTA, député, *Journal officiel*, 1 mars 1873, p. 1444, c. 2 : « Nous voulons la République avec ses libertés, c'est-à-dire ses droits primordiaux de presse, de réunion, d'association, mis AU-DESSUS DES LOIS ELLES MÊMES. »
Jules FERRY, député, *Journ. offic.*, 29 mai 1872, p. 3580, c. 2 : « Adoptons *la même loi pour tous, SANS EXCEPTION.* »

Chez l'Auteur, à Bourg-la-Reine (Seine), rue de la Gare, 5;
A la *Librairie de l'Éducation laïque*, Paris, rue Hautefeuille, 1 bis;
Chez JEANMAIRE, libraire-éditeur, Paris, rue des Bons-Enfants, 32.

PRÉFACE

Invités vers le milieu de juillet à prendre part à l'*Exposition internationale des sciences appliquées*, au Palais de l'Industrie, ce n'est que le 29, cinq jours après l'ouverture officielle, que nous avons obtenu l'emplacement dont nous avions fait la demande. Le 12 août nous étions installés. C'est dire que nous avons improvisé, hâté notre installation, et particulièrement la rédaction, puis l'impression du grand tableau d'où nous est venu l'idée de la présente brochure.

La partie essentielle du tableau a formé notre chapitre Ier, mais elle est restée, malgré quelques retouches, un sommaire, une esquisse de ce qui nous paraît être la théorie de l'éducation selon la science.

C'est en vue de compléter notre exposition — dont la durée ne doit pas dépasser novembre — que nous avons fait cet écrit. Il a dû être composé avec des loisirs insuffisants et à bâtons rompus, quelquefois avec impatience. Mais il résume cependant vingt-cinq années d'observations pratiques, d'études persévérantes, en vue de la plus grande somme possible d'utilité ou de bien.

Puissions-nous nous être rapprochés assez de notre but pour nous faire pardonner le manque d'art et les défauts de proportions qui seront remarqués dans ce travail.

Quant aux erreurs, aux inconséquences et aux contradictions, s'il y en a, nous demandons pour elles la juste et complète sévérité de tous, amis et adversaires.

Bourg-la-Reine, 8 octobre 1879.

TABLE DES MATIÈRES

I

L'ÉDUCATION PRATIQUE SELON LA SCIENCE

POUR LES DEUX SEXES

Paul Bert, député, *Journal officiel*, 14 janvier 1873, p. 248, col. 3 : « La science est la grande pourvoyeuse des richesses de l'Etat ; elle a fait faire des progrès merveilleux à l'industrie ; elle dissipe les préjugés ; elle écarte les fantômes ; elle détruit les superstitions ; elle chasse de la nature *le caprice* pour le remplacer par la loi immuable ; elle est la maîtresse conquérante de la nature... et la libératrice de la pensée humaine. »

Montaigne : « Je ne logerai rien en sa tête par simple autorité et à crédit. »

Emile Blanchard, de l'Académie des sciences, *Revue des Deux-Mondes*, 15 octobre 1871, page 834 : « Quel esprit clairvoyant doutera de l'influence heureuse d'une instruction scientifique acquise par des exercices pratiques pendant la première jeunesse, alors que les impressions un peu fortement ressenties sont durables et réagissent sur la conduite de la vie tout entière ? »

Mme Fanny, Ch. Delon, *Programme des Etudes primaires*, 1871, p. 57 : « En disant que l'enseignement doit être scientifique, nous entendons qu'en tout il soit *sincère*. Jusque dans le détail des explications, l'exactitude des faits doit être respectée. »

Le but général, essentiel, de l'éducation, se résume en un mot : SANTÉ, santé physique, intellectuelle et morale, en vue de rendre l'individu le plus possible et de plus en plus *responsable*, et capable de bien se diriger lui-même, dans toutes les circonstances de la vie.

L'obéissant est irresponsable. La condition essentielle de la responsabilité, c'est la LIBERTÉ.

D'ailleurs, on ne sait, on ne pratique bien que ce que l'on a bien appris, bien pratiqué. Apprendre l'obéissance, qui est passive, ne peut nullement être le moyen de développer l'initiative individuelle, qui est active, ni de savoir se bien gouverner soi-même, qui est le but de l'éducation. En pratiquant l'obéissance, on n'apprend qu'à obéir. Il est contraire au bon sens le plus élémentaire de pratiquer une chose pour en savoir une toute différente, ou de prendre une direction opposée au but qu'on veut atteindre. On ne peut apprendre le *self go-vernment* (1) que par la liberté.

La liberté étant le droit égal de tous, elle s'arrête, pour chacun, au moment où elle commence à porter atteinte à celle d'autrui. Au delà de cette limite rationnelle, elle devient le contraire de la liberté. La liberté seule doit donc limiter la liberté, par l'égalité, par la réciprocité, par le respect même de cette liberté, qui appartient à autrui autant qu'à nous-mêmes.

Toute personne qui, au nom de la liberté, porte atteinte à celle d'autrui, invoque un principe pour le violer, ce qui est absurde. C'est donc ne pas comprendre la liberté, et dire quelque chose de contradictoire, que d'affirmer qu'elle engendre facilement le désordre et la violence. Au contraire, il est évident, en conséquence de ce qui

_____

(1) Gouvernement de soi-même par soi-même.

précède, que la liberté vraie, réalisée, égale pour tous, est inséparable de l'ordre et de la modération.

Ce qu'on appelle le principe d'autorité, ce qui est, au fond, la raison légale du plus fort, a perdu et perd sans cesse du terrain dans l'humanité : toute l'histoire nous le prouve. Plus il y aura de lumière, de justice, d'ordre véritable dans les sociétés, moins on jugera admissible, dans l'éducation comme dans le gouvernement, la légalité oppressive, violente, criminelle, attentatoire à la liberté, à la dignité et à la vie humaines.

En éducation, la liberté ne peut pas être appliquée dans le même MILIEU, *ni dans les mêmes conditions que l'autorité.* La liberté dans l'éducation exige *la plus grande variété possible d'exercices et d'études,* (1) pour la satisfaction du besoin impérieux d'action et de changement, naturel à l'enfance, pour que chaque faculté, à son éclosion, puisse y trouver un aliment sain, pour sa bonne culture. La liberté de l'enfant exige donc plus d'espace, plus de personnel éducateur, plus de surveillance, sans faire jamais de celle-ci une fonction spéciale : la surveillance ne doit être exercée que par collaboration à toutes les occupations des élèves, en tenant scrupuleusement compte de l'influence toujours dominante de l'exemple. La sur-veillance doit aussi être exercée, quand on croit être sûr de son sujet, sans qu'il s'en doute, pour qu'il se croie plus libre encore, mais non moins responsable, que

(1) F. Cantagrel, *Les enfants au Phalanstère* (Paris 1846, éd. 2e, p. 29) : « Ce n'est pas en voyant toujours les mêmes objets, que l'enfant peut apprendre à connaître sa vocation, ou plutôt *ses vocations.* »

lorsqu'il sait être vu. Sous cette forme, elle est une épreuve utile.

Enfin la liberté de l'enfant exige l'ordre matériel et moral le plus complet possible dans le milieu où il vit.

La formule de l'ordre n'est pas : *Une place pour chaque chose, et chaque chose à sa place.* Elle est : LA PLACE LA PLUS CONVENABLE POUR CHAQUE CHOSE, ET CHAQUE CHOSE A CETTE PLACE. C'est par l'ordre que, selon l'expression de Ch. Fourier, « l'Harmonie sait utiliser toutes choses. » (*OEuvres complètes*, éd. 2e, Paris, 1841, vol. 4e, p. 219.)

Pour prévenir certaines objections qu'on nous fera, nous reconnaissons que l'insuffisance d'espace, d'air pur, de personnel, de variété dans les programmes, etc., ne rend possible que dans une mesure plus ou moins restreinte, beaucoup trop restreinte, l'application de la liberté de l'enfant dans nos écoles, et non moins dans les familles.

Dans le milieu nécessaire à *l'enfant libre,* celui-ci *ne doit être exposé, selon ses forces, selon son expérience ou son intelligence, qu'aux épreuves utiles à son développement, à son éducation, et nullement à celles qui peuvent compromettre sa santé ou sa vie.* Et c'est ce juste principe que l'on observe tous les jours quand on évite de laisser prématurément à la portée de la jeunesse, des armes et certains outils, ou de l'exposer a des circonstances dans lesquelles son manque de savoir constituerait un danger plus ou moins grave.

Alors, sous l'influence habile, mais toujours latente, de l'éducateur, chaque enfant, par ses propres observations, par ses questions, par son action, indique lui-

même le PROGRAMME qui convient le mieux à son individualité naissante.

C'est ainsi que le programme général de l'éducation
arrive à embrasser, peu à peu, *pour les deux sexes*, toutes
les matières de la connaissance, de l'étude, sans exception : *les faits qui sont le plus à la portée des sens, avec
les mots qui désignent ces faits et leurs rapports ; l'étude et la
pratique des choses de la vie quotidienne et l'usage progressif
des objets et des outils qu'elles exigent ; l'économie domestique ; les travaux manuels et la gymnastique ; les arts, les
langues et les sciences ; les professions et la préparation à
tous les examens ; la législation usuelle et toutes les questions qui s'y rattachent.*

L'HYGIÈNE, bien entendu, doit s'accorder avec toutes
les parties de tout programme, et le dominer.

Il est d'une très-grande importance aussi d'inciter
sans cesse l'élève à donner toujours LA PRIORITÉ AU PLUS
UTILE.

Au lieu de rester une année scolaire, comme c'est
l'usage, avec les mêmes élèves, pour toutes les études,
arrêté par les traînards dans telles parties du programme,
traînard soi-même dans d'autres et arrêtant les plus
avancés, il faut que l'enfant, à chaque leçon, puisse en-
trer ou rester dans le groupe qui lui convient le mieux,
afin d'être toujours avec des élèves à peu près de sa force,
avec ceux qui exerceront sur lui le plus grand attrait
d'émulation ou d'activité au travail.

« Tirer parti de la supériorité naturelle de telle ou
telle faculté, pour fortifier celles qui s'annoncent comme
plus faibles et moins actives. » (Guizot, *Méditations*,
Didier, 1857, p. 238).

L'enfant est très-curieux et d'une ardeur extrême pour

tout ce qui l'intéresse. Il n'est donc paresseux que
lorsqu'on lui impose des études ou des exercices qui ne
lui conviennent pas, ou tout au moins qu'on ne sait pas
lui rendre attrayants, faute d'opportunité ou de méthode.
Il a besoin de voir, de manipuler, d'agir, d'exercer toutes
ses facultés, toutes ses forces, et on l'oblige de rester
immobile, d'écouter et d'écrire des mots avant d'avoir
vu les choses ou observé les faits auxquels ces mots se
rapportent.

« L'observation et l'expérience proclamées et reconnues *les seuls guides sûrs* dans la pratique de *toutes* les
affaires, ne sont *jamais entrées pour une part quelconque*
dans l'enseignement des collèges. Ce sera une tache pour
les hommes qui ont tenu en main les destinées de la
nation. » (Emile Blanchard, de l'Académie des sciences,
Revue des Deux-Mondes, 15 octobre 1871, p. 826).

Il faut que l'enfant ait toujours à aimer quelqu'un de
bon exemple, et à faire quelque chose d'utile ou de bien
qui l'intéresse.

La MÉTHODE est indiquée par le programme tel que nous
venons de l'établir. Elle consiste à commencer toutes les
études par l'observation, par l'expérience, à partir toujours des faits exactement constatés, pour arriver aux
mots, aux signes qui les rappellent ; elle donne connaissance de la théorie par la pratique, par la preuve ; elle
procède toujours, logiquement, du connu à l'inconnu,
en suivant la filiation naturelle des faits. La connaissance
de ces faits est appliquée, à mesure, aux besoins et aux
aspirations légitimes de l'enfant, de l'humanité.

La méthode exige de ne demander à l'élève, au plus,

que la quantité de travail sur laquelle il peut apporter toute son attention, tous ses soins, toute l'exactitude dont il est capable. S'il s'impose d'abord de faire toujours bien, du moins le mieux possible, l'habitude lui donnera bientôt l'habileté par surcroît.

La méthode est la quintessence de tous les travaux, de tous les arts, de toutes les études, de toutes les sciences; elle est la science même, qui « consiste, non dans l'accumulation des vérités particulières, mais dans la constitution des vérités générales. » (1)

Le manque de méthode n'a pas seulement l'inconvénient de donner peu de bons résultats, ou d'en donner de mauvais : il peut quelquefois décourager de l'étude, même les meilleures intelligences; il peut faire croire à l'élève qu'il est incapable d'apprendre, tandis que c'est l'éducateur qui a été incapable de le bien diriger, soit par insuffisance personnelle, soit par les circonstances défavorables qu'il a dû subir.

De ce qui précède résulte la LIBERTÉ DE CONSCIENCE égale pour tous, *sans exception*.

Réunir des enfants dont les familles professent des opinions différentes en matière de religion, leur assurer l'exercice de leur propre liberté de conscience en les élevant dans le respect de la liberté de conscience d'autrui, c'est, d'ailleurs, la condition première pour l'apprentissage de la sociabilité et de la tolérance, pour la constitution d'une véritable et indissoluble union sociale.

(1) Guéneau, Acad. des sciences mor. et polit. (*Journ. off.*, 21 mai 1872, p. 3171, c. 2).

L'éducation morale doit inspirer, tout d'abord, le respect de soi et le respect d'autrui. Elle doit fortifier la volonté en l'éclairant par la raison appliquée, avant de la fortifier par l'habitude.

L'éducation morale ne doit s'appuyer que sur la vérité. « Ce qui n'est bon pour personne, c'est le faux ; ce qui est bon pour tout le monde, c'est le vrai. » (A. Coquerel fils, *De l'éducation des filles*, 1868, p. 19.)

Le but de l'éducation morale, c'est la raison, qui donne la bonté et la notion vraie de la justice.

Grégoire Girard. *De l'enseignement de la langue maternelle*, l. 5, chap. 1 : « Il s'agit de rendre nos élèves raisonnables, pour qu'ils deviennent bons. »

La jeunesse aime l'ART sous toutes ses formes ; aussi elle doit être habituée le plus tôt possible à la première condition du *bon goût*, qui consiste à n'être jamais en contradiction avec l'hygiène, avec la raison, avec l'ordre.

Pour résumer, l'éducation doit être la culture saine, harmonique, de toutes les facultés humaines, l'étude rationnelle et pratique de la vie d'intérieur et de la vie sociale. En un mot, elle doit être INTÉGRALE.

II

FAITS ET OPINIONS

A L'APPUI DE LA LIBERTÉ DE L'ENFANT

> Lorsque leurs préjugés ou leurs priviléges ne
> sont pas directement en cause, il peut arriver,
> même aux intelligences les plus faussées et les
> plus perverties par l'éducation, de reconnaître
> publiquement des vérités mères, des vérités
> principes, sauf à les contredire habituellement,
> non seulement par leurs actes, mais aussi par
> leurs paroles.
>
> Toute doctrine qui n'est pas entièrement
> d'accord avec la science, toute erreur est con-
> damnée naturellement, inévitablement, à l'in-
> conséquence et à la contradiction.
>
> Bossuet, *Variations*, 11 : « Il n'y a aucune
> erreur qui ne tombe en contradiction par
> quelque endroit. »

La liberté de l'enfant est justifiée par la pratique, par
les applications concluantes que nous offrent particulièrement les États-Unis américains. En outre, le besoin
de la liberté de l'enfant a été affirmé par les écoles phi-
losophiques des opinions les plus différentes.

Ferd. Buisson (1), *Rapport sur l'instruction primaire à l'Exposition universelle de Philadelphie, en 1876.*
Imprimerie nationale, 1878, p. 486 : « Un des carac-

(1) Aujourd'hui directeur de l'enseignement primaire, au Ministère de
l'instruction publique.

tères marquants de la pédagogie américaine, c'est le respect de la liberté, de la spontanéité, de l'activité de l'enfant, considéré comme la première condition de l'éducation morale et le premier devoir de l'éducateur. » Page 489 : « L'éducation américaine s'adresse toujours à la volonté libre et, loin de la plier à une obéissance passive, la sollicite à se plier d'elle-même aux lois de la raison... En parcourant l'immense collection de devoirs d'élèves que contenait l'Exposition américaine, nous avons été frappés mainte fois de l'esprit de liberté, de franchise, de gaieté, d'entrain, de hardiesse, qui s'y révélait sous mille formes. Prenez les plus petits enfants, ceux qui savent tout juste tenir la plume, lisez ce qu'ils écrivent; cela est bien d'eux, bien de leur âge, bien de leur sentiment propre. Leur éducation est un joyeux et libre épanouissement : tout y respire le bonheur, le soleil, le grand air, la bonne humeur. S'il est un régime qui puisse se dire absolument prémuni contre toute forme d'hypocrisie, contre tout esprit de dissimulation, contre tout sentiment de malaise, de contrainte et de compression, c'est assurément celui de l'école américaine. » Page 490 : « Il est peu d'Américains qui consentiraient à rétablir un régime d'éducation plus autoritaire; il en est peu qui ne voient pas dans cette liberté, dans cette franchise, dans cette pétulance, dans cet esprit d'initiative et de hardie spontanéité, mille fois plus d'avantages que d'inconvénients. »

C. Hippeau, *Rapport au ministre sur l'Instruction publique aux Etats-Unis*, 1870, pages 297 et 298 : « Le but principal que s'est proposé M. Ezra Cornell (le fondateur de l'Université d'Ithaca (New-York), est que le système des études soit tellement complet, en toutes les

branches, que chaque étudiant y puisse trouver une instruction dans quelque genre d'études que ce soit. Lui-
même devra choisir, dans le vaste programme de l'enseignement, quelles sont les parties qu'il préfère, *système
qui tend de plus en plus à se généraliser.* Les maîtres
américains voient toujours l'homme dans l'écolier; ils
pensent donc que l'on NE POURRAIT JAMAIS COMMENCER TRÓP
TÒT A TRAITER L'ÉCOLIER EN HOMME. M. Ezra Cornell veut que
tout étudiant entrant dans l'Université (il le considère,
non comme y étant envoyé par la contrainte, mais
comme y venant de son plein gré) s'habitue à prendre
conseil de lui-même. Il s'inspirera sans doute des avis
de ses parents et de ses maîtres, mais il demeurera juge
du plan d'études qu'il doit suivre. Aucun choix ne lui
sera imposé... Cette confiance dans la raison des enfants doit nécessairement la rendre plus précoce, et l'on
peut dire, en effet, qu'il n'est aucun pays où le jugement
des jeunes gens et des jeunes filles mûrisse plus vite que
dans les États-Unis. »

Thackeray, *La Foire aux vanités*, chap. 5 : « Si l'on
respectait l'initiative des enfants, si les maîtres cessaient
de les violenter, si les parents ne prétendaient pas leur
inspirer, c'est-à-dire leur imposer leurs pensées et leurs
goûts,... le nombre des mauvais sujets diminuerait de
plus en plus. »

Rollin, *Traité des Etudes*, livre VI, art. 4 : « L'éducation est une maîtresse douce et insinuante, ennemie
de la violence et de la contrainte, qui n'aime à agir que
par voie de persuasion, qui s'applique à faire goûter ses
instructions en parlant toujours raison et vérité. »

Mme Necker de Saussure, *Essai sur l'Education
progressive* : « Une servitude douce, volontaire même,

2

amollit les âmes au moins aussi sûrement qu'une plus rude. Souvent nous nous faisons illusion à cet égard : le plaisir que l'enfant paraît trouver à nous obéir nous rassure; il nous semble libre parce qu'il est heureux, et nous prenons son zèle pour de l'énergie. Mais quand la volonté ne s'est pas déterminée elle-même, quand elle n'a fait que suivre, fût-ce de plein gré, l'impulsion d'autrui, on ne saurait compter sur sa constance... Ce n'est pas en adoptant les désirs d'un autre qu'on apprend à se décider, et ce qu'on appelle la bonne volonté n'est pas la vraie... Il faut que l'enfant ait appris à se proposer un but à lui-même, à choisir, à ses risques et périls, les meilleurs moyens d'y parvenir. La détermination libre et réfléchie, la faculté de prévoir les inconvénients attachés au parti qu'on a pris, et la résolution de les braver, voilà ce qui donne une bonne trempe à l'esprit et de la fermeté au caractère. »

Montaigne : « Notre âme n'est rien, tant qu'elle ne branle qu'à crédit, liée et contrainte à l'appétit des fantaisies d'autrui, serve et captivée sous l'autorité de leur leçon. Que le jugement conserve donc ses franches allures; nous le rendons servile et couard pour ne lui laisser la liberté de rien faire de soi. »

Basedow : « Toute contrainte et toute tyrannie doivent être formellement exclues de l'éducation. »

Vauvenargues : « On instruit les enfants à craindre et à obéir. On les excite encore à être copistes, à quoi ils ne sont déjà que trop enclins. Nul ne songe à les rendre originaux, entreprenants, indépendants. »

J.-J. Rousseau, *Emile*, livres 2 et 3 : « Si votre tête conduit toujours les bras de l'enfant, la sienne lui devient inutile... La liberté que je laisse à mon élève le dédommage amplement des légères incommodités auxquelles je le laisse exposé... Vous objectez les caprices de l'enfant, et vous avez tort. Le caprice des enfants n'est jamais l'ouvrage de la nature : il l'est d'une mauvaise discipline; c'est qu'ils ont obéi ou commandé, et j'ai dit cent fois qu'il ne fallait ni l'un ni l'autre... Vous accoutumez l'enfant à se laisser toujours conduire, à n'être jamais qu'une machine entre les mains d'autrui. Vous voulez qu'il soit docile étant petit : c'est vouloir qu'il soit crédule et dupe étant grand. »

Pestalozzi, *Méthode théorique et pratique*, Paris, Lassime et Cie, 1826, page 62 : « L'instituteur ne se hasarde point à régler violemment la marche de son élève, à l'entraîn rbitrairement dans telle ou telle direction, à lui imposer ses idées, ses vues, ses opinions. Il nourrit et soigne avec un saint respect la semence déposée en lui...; il la laisse germer en liberté. »

Guizot, *Méditations*, p. 392 : « L'enfant apprendra-t-il à se servir de sa volonté si vous l'empêchez de vouloir? Sans liberté, point d'énergie : cela est aussi vrai de nos forces morales que de nos forces corporelles. »

Charles Fourier, *OEuvres complètes*, édit. 2ᵉ, Paris, 1841, vol. 4ᵉ, p. 10 : « On ne s'applique, en harmonie, qu'à seconder l'attraction, favoriser l'essor de la nature, avec autant de soins que la *civilisation* en met à l'étouffer. » Page 296 : « En Harmonie, où l'enseignement est faveur sollicitée, on se garde bien de punir; on refuse l'enseignement à celui qui montre de la tiédeur. »

Frœbel, *Éducation de l'homme* : « Nous portons un coup à la nature de l'enfant chaque fois que nous étouffons ou contrarions en lui l'une de ses facultés naissantes... Dans toute bonne éducation, la liberté doit être nécessairement assurée à l'enfant. »

Philarète Chasles : « Dans l'éducation nouvelle, l'enfant grandit pour s'obéir à lui-même, comme dans l'ancienne éducation il grandit pour obéir aux autres. »

Victor Considérant, *Destinée sociale,* 1844, tome 3, p. 415 : « On assujettit l'enfant ; laissez-le libre. » Page 473 : « L'enfant ne sera pas désobéissant quand on ne lui commandera rien. »

Dr Clavel, *Traité d'éducation,* tome 1, page XXVII : « Le malheur de l'enfance ne peut venir que de la contrainte, que de travaux disproportionnés avec ses forces, ou antipathiques à ses aptitudes. » Tome 2, page 374 : « La liberté a conquis le droit de s'introduire partout, même dans l'éducation. »

Mme Fanny Ch. Delon, *Programme des études primaires,* 1871, p. 56 : « Il est facile d'obtenir, par la diversité des études, une somme de travail beaucoup plus grande, et surtout beaucoup plus fructueuse, avec une moindre dépense d'efforts, et sans l'intervention des moyens de contrainte. »

Victor de Laprade appelle l'éducation autoritaire qui est encore généralement en usage « l'éducation homicide », et il a fait de cette expression le titre d'un de ses ouvrages. Il ne veut pas (page 21) que l'on conduise les enfants « à un autre but qu'à l'accomplissement de leurs libres conceptions et de leurs destinées d'êtres responsables. »

Paul Robin, *Philosophie positive,* 1870, p. 110 : « Je considère comme d'une importance capitale, qu'avant tout, les grandes personnes aient le respect le plus complet de la liberté de l'enfant. »

Dupanloup, *De l'Éducation,* éd. 9°, 1872,. tome 1, page 169 : « Oh ! sans doute, la discipline militaire, la discipline à main armée, est beaucoup plus facile à exercer : il sera toujours plus aisé de commander aux corps qu'aux âmes. On a la force, les corps plient, mais les âmes résistent, ou, si elles plient, c'est qu'elles ont été abruties par une obéissance servile. » Page 171 : Sans la liberté « l'Education n'est qu'une œuvre de violence, quelquefois pleine d'horreur. » Page 178 : « Le principe le plus actif en cet enfant, le plus énergique et le plus fécond de son éducation, c'est la liberté humaine ; à une condition toutefois : c'est qu'elle sera respectée. » Page 180 : « Je ne crains pas de le dire : *le grand mal* de l'Education en France,... c'est qu'elle manque de liberté. La liberté de l'enfant n'est pas respectée. » Pages 180-181 : « Je le déclare, tant que, de loin ou de près, je pourrai m'occuper de l'Education de la jeunesse, je respecterai la liberté humaine dans le moindre enfant, *plus religieusement encore que dans un homme mûr,* parce qu'au moins celui-ci saurait contre moi la défendre : l'enfant ne le peut pas. Non, jamais je n'outragerai l'enfance à ce point de la considérer comme une matière que je peux jeter dans un moule, pour l'en faire sortir avec l'empreinte que lui donnera ma volonté. » Page 211 : « Un des inconvénients les plus graves et les plus fréquents des Educations contraintes, c'est de jeter les enfants dans le découragement, quelquefois dans le désespoir ;... on obscurcit leur esprit, on abat leur courage ; *s'ils sont vifs* (1), *on les irrite ; s'ils sont mous, on les rend stupides...* J'insiste sur ce point, parce que rien n'est plus difficile

_____

(1) Fénelon.

à persuader, surtout aux jeunes instituteurs, aux jeunes professeurs : et cependant, TOUS LES HOMMES LES PLUS ÉMI-NENTS SONT UNANIMES A CET ÉGARD. »

A ces quelques citations, que nous aurions pu multi-plier, et auxquelles nous nous bornons, parce que nous les croyons tout-à-fait suffisantes, chacun ajoutera, avec nous : Plus l'enfant est libre, plus il importe de ne le laisser empiéter, en rien, sur la liberté de qui que ce soit. Où la raison manque, la liberté peut facilement être très-mal comprise.

Malgré les difficultés qui peuvent résulter de circons-tances parfois inévitables, soit de mauvais exemples, soit de bien d'autres causes étrangères à l'éducateur ou qu'il est obligé de subir, l'affection et le respect portés à l'enfant, fortifient, au lieu de les diminuer, l'affection et le respect de l'enfant pour autrui, surtout pour ses parents et pour ses éducateurs, puisque ce sont eux qui, dans ce cas, lui en témoignent le plus. Quoiqu'il arrive de voir répondre aux procédés les meilleurs, par les plus mauvais, par la plus inique ingratitude, rien ne peut gagner davantage l'affection et le respect, chez les enfants comme chez les grandes personnes, que l'affec-tion et le respect mêmes.

III

LA LIBERTÉ DE L'ÉDUCATION

A TOUS LES DEGRÉS

Montesquieu, *Esprit des lois*, 1, 1 : « Avant qu'il y eût des lois faites, il y avait des rapports de justice possibles. Dire qu'il n'y a rien de juste ni d'injuste que ce qu'ordonnent ou défendent les lois positives, c'est dire qu'avant qu'on eût tracé de cercle, tous les rayons n'étaient pas égaux. »

Voltaire, *Dial.* 21 : « Je ne connais de lois que celles qui me protégent. »

Fréd. Bastiat, *La loi* (Guillaumin, 1850, p. 14): « S'il existe une loi qui sanctionne l'esclavage ou le *monopole*, l'*oppression* ou la *spoliation*, sous une forme quelconque, il ne faudra pas même en parler, car, comment en parler sans ébranler le respect qu'elle inspire? Bien plus, il faudra enseigner la morale et l'économie politique au point de vue de cette loi, c'est-à-dire sur la supposition qu'elle est juste par cela seul qu'elle est la loi. » Page 20 : « On ne saurait imaginer, au sein d'une société, un fait plus considérable que celui-ci : LA LOI DEVENUE INSTRUMENT D'INJUSTICE. » Page 21 : « QUELQUEFOIS LA LOI MET TOUT CET APPAREIL DE MAGIS-TRATURE, POLICE, GENDARMERIE ET PRISON AU SERVICE DU SPOLIATEUR, ET TRAITE EN CRIMINEL LE SPOLIÉ QUI SE DÉFEND. »

Edouard Laboulaye, *La république constitutionnelle*, 1871, p. 12-13 : « On peut, à coups de lois, supprimer *tous les droits des citoyens*, décréter la *confiscation*, la *proscription...* »

« Le veut le roi, le veut la loi » a été de la légalité en France. Était-elle donc respectable?

La conquête est le plus grand des crimes, parce qu'elle les comprend tous. Cependant elle est légale, puisqu'elle fait la loi.

Montesquieu, *Grandeur et décadence des Romains*, chap. XIX : « Il n'y a *point de plus cruelle tyrannie* que celle que l'on exerce à l'ombre des lois et avec les couleurs de la justice. »

Dans les cas précédents, le respect de la légalité c'est le respect du « monopole », de la « spoliation ou de la confiscation »; c'est le respect de « l'oppression », de « l'esclavage », de la suppression de « tous les droits des citoyens »; c'est le respect de la « plus cruelle des tyrannies »; c'est le respect de la « conquête »; c'est le respect de la violence et du crime à tous les degrés et dans toutes les proportions, avec la circonstance excessivement aggravante de l'anonymat, de l'irresponsabilité personnelle, de l'impunité, de la lâcheté, de l'hypocrisie, de la démoralisation publique... Il faudrait que le fétichisme de la loi, c'est-à-dire des mots et des formules, eût fait perdre le sens moral, pour ne pas vouer au mépris et à la haine toute légalité contraire au droit naturel, à la justice, pour ne pas en poursuivre sans cesse la destruction.

Un gouvernement honnête et de bon sens, vraiment libéral, ne demande pas l'application des lois qui violent le droit; il doit les considérer au nombre de celles qui sont tombées en désuétude, en attendant qu'il puisse en obtenir, le plus tôt possible, l'abrogation formelle.

« La loi est dure, mais c'est la loi », *dura lex, sed lex* est la maxime odieuse d'un peuple conquérant, d'un peuple dont la politique a été le vol de la propriété, du travail et de la liberté des autres peuples.

Une considération légale, de première importance,
s'impose ici : c'est que la liberté de l'élève implique logiquement celle de l'éducateur. Comment, en effet, celui-
ci pourra-t-il tenir compte des lois de la nature chez
l'enfant, s'il en est empêché par des lois sociales, œuvre
des partis qui se sont succédé au pouvoir? s'il en est
empêché par des réglementations, par des traditions, en
un mot, par le manque de liberté?

L'expérience nous a appris ce que valent les prétendues
garanties de capacité et de moralité exigées par « le
législateur ». Des raisons analogues étaient invoquées,
avant la Révolution française, pour le maintien des rè-
glements compliqués des professions. « Un changement,
un perfectionnement dans la fabrication, étaient, de par
la loi, cas d'amende et de pilori; et les plus riches
industriels n'y échappaient pas. » (Fréd. Passy, *La véritable égalité*, 1873, p. 23.)

Naturellement, le travail a réalisé des progrès merveilleux dans toutes celles de ses branches où il a été
délivré de ses entraves légales. Et combien, dans l'éducation, avec la réglementation excessive qu'elle subit, les
idées fausses et malfaisantes persistent, malgré tant de
critiques qui en ont été faites, même par les écrivains les
plus illustres, depuis Montaigne inclusivement, sans
remonter plus loin dans le passé!

Entre autres nombreuses critiques impartiales, moti-
vées, de l'Université, voici un court extrait de celles
faites par M. Michel Bréal, professeur au collège de
France, dans son livre *Quelques mots sur l'Instruction publique en France* (Hachette, 1873, éd. 3e, p. 271) : « Une

grande administration est fermée au progrès par en haut comme par en bas ; le chef qui voudrait faire une réforme ne sait sur quel point de ce grand mécanisme, où tout se tient, il doit l'essayer ; il n'a pas les hommes qu'il faudrait pour la mettre à exécution ; enfin, chose plus décisive encore, pour tenter une innovation, il faut qu'elle se soit déjà montrée quelque part d'elle-même : or, tout est prévu et combiné pour l'empêcher précisément de se produire. »

Alors, comment se réaliserait donc la réforme, si la liberté de l'enseignement restait une étiquette menteuse et légale ?

Dans l'éducation, comme dans toutes les branches de l'activité humaine, la première condition des réformes sérieuses, des progrès marquants, c'est la liberté. La liberté seule donne les avantages de l'entière expansion de l'initiative et de l'activité, les stimulants et les garanties de la concurrence.

La liberté de l'éducation est aussi une des conséquences de la liberté du travail, de la liberté professionnelle, avec toutes ses responsabilités. Elle est un droit social que la loi doit avoir pour but d'assurer également à tous.

L'ordre public exige, dans l'éducation, comme partout, que la loi détruise tous les priviléges et garantisse tous les droits ; qu'elle soit un contrat de protection, de sécurité égale pour tous, et non la raison du plus fort.

Puisque le respect des lois est nécessaire à la paix sociale, nos législateurs ne devraient jamais oublier cette parole de Fréd. Bastiat : « Le plus sûr pour que les lois soient respectées, c'est qu'elles soient respectables. »

L'exercice d'un droit n'est à craindre que lorsqu'il est

rendu dangereux par le privilége. Détruisez donc impi-
toyablement le privilége, mais ne violez jamais le droit ;
alors seulement la loi sera respectable et respectée.

« Les esprits timides, qui s'offusquent de cette liberté
de l'enseignement, peut-être parce qu'ils craignent qu'elle
ne profite surtout au clergé, ne tiennent pas compte des
circonstances dans lesquelles la transformation devrait
s'accomplir, savoir : la destruction complète DES ENTRAVES
QUI LIENT L'ENSEIGNEMENT *libre*, la rentrée des congréganistes
dans la règle commune, et enfin, surtout, l'abolition
préalable du budget des cultes. Ces points réglés, la
liberté pour tous ne nous effraierait point. » *(La République française,* 7 janvier 1873, p. 3, col. 5.)

« Quelle sera la pierre de touche qui vous fera reconnaître que ce qui est enseigné par tel professeur est sain,
et que ce qui est enseigné par tel autre est malsain ? »
(Paul Bert, député, *Journ. off.* 14 janv. 1873, p. 249, c. 2).

L'histoire, et plus particulièrement la discussion de
la loi du 15 mars 1850, comparée aux applications qui
en ont été faites (1), ne nous permettent plus de nous

_____

(1) LES PAROLES. Quelques citations seulement, très-écourtées, mais
très-nettes :

De Falloux, *Exposé des motifs* (Dalloz, Jurisprud. génér., 1850, partie 4e,
p. 33) : « C'est, avant tout, la conscience responsable des familles qui a
besoin de voir rendre LIBRE un enseignement intimement lié à des affec-
tions sacrées, à d'INVIOLABLES DROITS... Soumettre tous les maîtres de
tous les établissements aux mêmes conditions, c'est un joug intolérable. »

Beugnot, *Rapp. sur la loi du 15 mars 1850* (Dalloz, Jurisprud. génér.,
1850, partie 4e, p. 34) : « Que le choix des familles puisse s'exercer non-
seulement sur les personnes, mais sur les méthodes et sur les doctrines...
La première condition d'une concurrence SINCÈRE est L'ÉGALITÉ PARFAITE
ENTRE LES CONCURRENTS. » Page 35 : « Le législateur proclame, avant
tout, le droit des familles : L'ENSEIGNEMENT EST LIBRE ! Tel est le principe souverain en cette matière, auquel TOUT doit remonter et se ratta-

méprendre sur le sens donné, par le parti clérical, à cette formule : « la liberté de l'enseignement. » Nous savons

cher... Il ne faut pas oublier que la] liberté a été établie d'abord en faveur des familles, afin qu'elles puissent, usant d'un DROIT SACRÉ, faire élever leurs enfants selon le vœu de leur cœur et de leur conscience, et ensuite en faveur des citoyens, qui ont le droit de mettre leurs lumières, leur expérience, leur dévouement au service des familles. » Page 39 : « Nous OUVRONS LA CARRIÈRE ET Y APPELONS TOUS LES RIVAUX. » Page 45 : « Ces principes (la liberté, le droit des familles) dont la profession publique et incontestée est, nous ne craignons pas de le dire, un honneur pour le temps actuel, trouvent leur APPLICATION COMPLÈTE dans le projet de loi. »

De Montalembert, *Discours sur la loi organique de l'enseignement* (Lecoffre et Cᵉ, 1850, p. 51) : « Cette liberté, je le répète, est COMPLÈTE ET SINCÈRE, et elle s'exercera non-seulement au profit de la religion, mais aussi de la philosophie, toutes les fois que la philosophie le voudra; toutes les fois qu'elle se trouvera, ou gênée, ou méconnue dans d'autres écoles, elle aura cette liberté que nous avons invoquée et conquise pour elle comme pour nous. » Page 56 : « A côté de l'enseignement national, s'il devient religieux, il y aura cette liberté de l'enseignement que nous avons conquise, où la religion pourra trouver un refuge, si elle se croit compromise par l'alliance de l'État; mais où LA PHILOSOPHIE A SON TOUR POURRA ÉDIFIER SA CITADELLE, si elle se trouve opprimée ou mutilée dans l'enseignement de l'État. » Il est vrai que M. de Montalembert a dit, dans le même discours (Dᵉ p. 62) : « Je parle comme simple laïque, ou, si vous voulez, comme simple JÉSUITE. »

Dans la séance du 18 janvier, à l'appui du même projet de loi, M. Thiers avait dit : « *Il n'y a pas de liberté de droit, quand il dépend de l'autorité administrative, de l'Université, de refuser aux établissements nouveaux la faculté de s'établir... Quant à la liberté, nous l'avons accordée* A TOUT LE MONDE AU MÊME DEGRÉ »

LES ACTES ont donné le plus formel démenti aux paroles qui précèdent. La loi du 15 mars 1850 a violé la liberté de conscience dans les écoles publiques et la liberté de l'enseignement dans les écoles privées, en imposant, partout et à tous, les pratiques et instructions religieuses, même contre la volonté formelle et écrite des parents. Des enfants ont été chassés de l'école communale, au mépris de leur droit, parce que leurs familles voulaient les préserver de l'éducation religieuse qu'ils jugeaient funeste à l'intelligence et au sens moral. Pour unique cause de liberté de conscience respectée, des écoles, qu'un mensonge légal appelait LIBRES, ont été fer-

la confiance qu'il mérite quand il demande la liberté : il
s'agit de la sienne exclusivement, et il ne la demande
que pour la refuser à ses adversaires dès qu'il en aura
le pouvoir. Ce que le catholicisme veut, les cléricaux les
plus oseurs le disent, avec le *Syllabus* : c'est la domina-
tion universelle, conséquence de sa prétention ridicule
et odieuse à l'infaillibilité. Mais la liberté du travail, la
liberté professionnelle, la liberté de l'éducation ou de
l'enseignement n'en reste pas moins un droit que l'attri-
bution de la loi, il est utile de le répéter, est de garantir
également à tous, sans exception. Même en République,
ce qu'on appelle la liberté du bien, c'est la liberté de ce
qui convient aux vues et aux passions du parti qui est
au pouvoir, ou à ce qu'il croit être dans ses intérêts.
Cette liberté n'est jamais la vraie : elle est l'illusion ou le
masque de la tyrannie.

Lorsque la loi s'inspirera de ce principe que, dans
l'éducation, tous les droits doivent être subordonnés à
ceux des enfants, avant tout dans leur intérêt, en vue des
intérêts de la société représentée par tous ses membres,
la question qui nous occupe sera considérablement sim-
plifiée. En attendant, nous devons la prendre au point
où elle en est aujourd'hui, et nous ajoutons :

La liberté de l'éducation n'obligerait personne à faire
ce qui ne lui conviendrait pas ; mais elle permettrait bien

mées; des instituteurs et des institutrices ont été interdits, c'est-à-dire
dépouillés administrativement de leurs moyens légitimes d'existence, en
violation de ce principe social, *la liberté du travail*, et en violation de
« droits sacrés », « d'inviolables droits », ceux de la famille.

Telle est la loi d'hypocrisie, de violence et de corruption, que des léga-
litaires malhonnêtes ou aveugles prétendraient nous faire respecter. Elle
est plutôt capable de nous rappeler le mot de Viennet : « La légalité nous
tue. »

des réformes, bien des progrès qui sont aujourd'hui impossibles avec la légalité monarchique et cléricale que nous subissons. Craint-on que les parents se laissent entraîner inconsidérément à des expériences trop aventureuses ? Cela n'est pas possible : l'esprit de routine, l'habitude sera toujours un frein suffisant contre ce prétendu danger. Ce qu'il faut craindre, même Rollin nous le dit dans son *Traité des Études*, (éd. Didot, 1845, tome 3, p. 221) : Il faut « craindre les dangers et les inconvénients d'une espèce de servitude qui fait que nous suivons aveuglément les traces de ceux qui nous ont précédés. »

Les « principes sociaux » sont invoqués très-souvent, même par les personnes les moins sociables, nous voulons dire par les plus autoritaires, par les plus malfaisantes. Mais le principe social par exellence, le premier de tous, le plus pacifique, le plus conciliateur, le plus réellement modéré, n'est-ce pas la liberté ?

La liberté est, pour tous, le premier des droits ; elle est le principe social à la fois le plus progressif et le plus conservateur : le plus progressif puisqu'il permet à chacun, à ses seuls risques personnels, de réaliser les progrès qu'il a conçus ou dont on lui a donné la conviction ; le plus conservateur puisqu'il permet à tous de conserver entièrement ce qui leur appartient, même leurs préjugés et leurs routines. Nous ne comptons pas ici, bien entendu, les conservateurs des priviléges, des abus, des institutions vicieuses et des lois mauvaises, puisque priviléges, abus, institutions vicieuses et lois mauvaises sont la violation légale de la liberté et de la justice, sont conséquemment à détruire et non à conserver.

IV

DE LA COÉDUCATION DES SEXES

ou

DES ÉCOLES MIXTES QUANT AUX SEXES

Ce n'est pas toujours ce qui est le plus mal qui choque le plus ; c'est souvent ce qui est le plus contraire à l'habitude. Il peut suffire qu'une vérité utile soit nouvelle pour qu'elle blesse, et qu'un acte raisonnable soit contraire à l'usage pour qu'il paraisse ridicule. Cela explique pourquoi ce sont les réformes et les progrès les plus importants qui rencontrent les plus grandes résistances et les plus barbares persécutions. La tradition, la routine et le préjugé sont naturellement conservateurs et violents.

Aristote, le savant le plus illustre de l'Antiquité, s'est fait l'avocat de l'esclavage, et a parlé sans rire, et aussi sans indignation, des dieux de son pays. L'histoire entière prouve combien il faut se méfier de l'habitude. Elle aveugle et pervertit plus ou moins le jugement et le sens moral, même chez les esprits les plus avancés. Et combien aussi, par l'éducation purement littéraire, les mots trompent facilement sur les choses et sur leurs rapports ! mais ils n'en changent pas la nature ; les mots ne peuvent alors qu'aveugler sur la réalité des faits, et aggraver le mal jusqu'à ses dernières conséquences. La Rhétorique et la Théologie ne datent pas de notre époque : l'Antiquité, qui n'a laissé que des ruines, et quelques livres parmi lesquels des lois iniques dont on s'occupe trop dans nos écoles de Droit, l'Antiquité n'a manqué ni de rhéteurs ni de théologiens. Mais ce qui lui a manqué, pour vivre, c'est l'esprit scientifique, c'est la méthode qui tend irrésistiblement à s'appliquer à tous les ordres de faits, même à la morale et à la politique. Ce qui lui a manqué, c'est la connaissance de la forme, de l'étendue et de la nature de notre globe, si grand pour nous ! c'est l'astronomie scientifique, qui a montré la terre si petite, dans l'immensité infinie du ciel (c'est-à-dire de l'Univers), avec des mouvements simultanés, permanents, vertigineux, comme d'innombrables autres corps célestes, dont les uns sont petits et d'autres beaucoup plus grands. Ce qui a manqué encore à l'Antiquité, c'est l'imprimerie, la vapeur, le chemin de fer ; ce sont les découvertes, d'une fécondité incalculable, de la chimie, de la physique, de la mécanique, de la géologie, de l'anthropologie, et de tant d'autres sciences nouvelles. Ce qui lui a manqué surtout, c'est ce sentiment profond d'égalité légale dans la liberté, qui est aujourd'hui indestructible, et dont le but est l'*autonomie individuelle* pour tous, sans distinction de sexe ni de race, sans exception.

« C'est ce vif sentiment du *droit égal des deux sexes* qui domine toute la question pour les Américains. » (Ferd. Buisson, *Rapp. sur l'inst. prim. à l'Exp. univ. de Philadelphie en 1876*, chap. VI, sur la coéducation des sexes).

La coéducation des sexes n'est pas libre en France. Cette question se rattache donc intimement à celle de la liberté de l'enseignement.

Nous ne croyons pouvoir faire mieux que de composer cette partie de notre étude surtout d'extraits du Rapport officiel, déjà cité, de M. Ferd. Buisson. Le chapitre VI, qui traite spécialement de la coéducation des sexes, débute ainsi, page 127 :

« Parmi les particularités du régime scolaire américain, la plus célèbre en Europe, et peut-être aussi la moins comprise, est l'usage presque universel de donner en commun la même éducation aux filles et aux garçons : c'est ce que les Américains ont appelé la « coéducation des sexes. »

» L'école mixte, en Amérique, n'est pas un pis-aller : elle est le type préféré. »

Page 129 : « Appelés à vivre ensemble, dit-on, pourquoi les garçons et les filles ne seraient-ils pas élevés ensemble ? Pourquoi ne pas représenter en raccourci, dans l'école même, le type vrai de la société américaine, avec cette égale liberté d'allures des deux sexes qui est, au jugement des Américains, une des gloires de leur civilisation ? Pourquoi enfin affecter de parquer séparément, dans l'école, filles et garçons, puisqu'au sortir de l'école ils vont immédiatement et journellement se mêler, sans que nul y trouve à redire, dans leurs jeux, dans leurs promenades, dans leurs entretiens et plus tard dans les affaires et dans le commerce ordinaire de la vie ? »

Pourquoi, ajouterons-nous, dans notre société, l'homme et la femme sont-ils si souvent séparés, même dans le mariage, au grand détriment de l'unité familiale et de l'unité sociale, aussi bien que des bonnes mœurs, si ce n'est parce qu'ils ont été séparés dès leur enfance, pour parcourir des voies trop souvent divergentes et même contraires ?

Pourquoi ne pas faire de l'éducation l'apprentissage, la préparation de la vie réelle ?

Garçons et filles ne se connaissant pas, leurs imaginations s'enflamment, s'égarent et se pervertissent facilement.

Pages 130 et suivantes : « Tous ceux qui se sont occupés d'éducation aux États-Unis attestent qu'ils ont toujours vu la réunion de filles et de garçons, dans les classes primaires, profiter aux uns et aux autres. Les garçons, disent-ils, y prennent des manières plus douces, moins grossières, moins turbulentes ; les filles y gagnent en sérieux, en retenue, en assiduité au travail. Habitués à vivre côte à côte, ils ne sont pas plus en danger que frères et sœurs dans la famille. Moins on affecte de les séparer, de les cacher les uns aux autres, moins il y a de mystère et partant de curiosités inquiètes. Enfants, ils ne s'étonnent pas d'avoir en commun le travail et le jeu ; adolescents, ils continuent de se trouver ensemble sans surprise et sans trouble : ce commerce, aimable autant qu'innocent, ne leur étant pas nouveau, n'éveille pas chez eux d'émotions nouvelles... Ainsi se trouve résolu pour l'Américain, par la transition insensible de l'enfance à la jeunesse, un des plus graves problèmes de l'éducation morale. Ce problème, chez d'autres peuples, ne se pose pas pendant la période scolaire, mais il se résout, un peu après, avec plus de violence peut-être. Les Américains croient mieux faire en employant toute l'enfance à conjurer cette heure d'orage, en prémunissant de bonne heure l'un et l'autre sexe contre des entraînements funestes.

» Est-ce à dire que maîtres et parents soient dispensés de toute surveillance et n'aient qu'à fermer les yeux ? Les Américains eux-mêmes ne le soutiendraient pas ; mais sans nier la nécessité du contrôle extérieur, ils comptent beaucoup plus sur le *self control* (1)... En toute sincérité, c'est à cette vie en commun, c'est à cette liberté d'allures, établie dès le bas-âge, c'est enfin à ce qui en apparence.... constituerait le danger même, que les Américains attribuent la plus grande efficacité pour préserver leurs enfants du mal. Nous nous sommes entendu citer vingt fois, aux Etats-Unis, ce mot de Jean-Paul : « La meilleure garantie de la bonne conduite, « c'est l'éducation commune des deux sexes : deux gar- « çons dans une école préserveront douze filles, et *vice* « *versa*. Mais je ne garantis rien dans une école où il « n'y a que des filles, encore moins dans celle où il n'y « aura que des garçons. »

» Les effets de la coéducation sur le développement de l'intelligence et sur la direction des études ne leur paraissent pas moins évidents, et nous ne croyons pas en effet qu'on en puisse douter tant qu'on se borne à l'examen du degré primaire. A leur insu, les deux groupes d'élèves agissent l'un sur l'autre, se provoquent à l'étude, se stimulent, s'entretiennent sans effort dans une sorte de rivalité permanente qui ajoute à tous les bienfaits de l'émulation individuelle ceux de l'émulation collective, bien plus difficile à créer. Qu'une maîtresse

(1) Contrôle par soi-même.

jeune, vive, intelligente, douée de quelque expérience, sache s'emparer de ce double courant d'amour-propre et en bien ménager les effets, la classe aura toujours de l'animation, de l'intérêt pour tous, du mouvement et de la vie.

» ... C'est un fait d'ailleurs universellement attesté et qui, dans le cours de nos visites scolaires aux États-Unis et au Canada, nous a été cent fois confirmé de vive voix par des professeurs américains et étrangers, qu'il est impossible de découvrir une inégalité intellectuelle quelconque entre les enfants des deux sexes ; que, pour peu qu'on s'attache à les cultiver, les facultés de raisonnement n'ont pas plus de peine à éclore chez les filles que les facultés d'imagination chez les garçons... »

Quant aux écoles supérieures « les enfants qu'on n'a jamais songé à séparer courraient plus de risques à se voir tout à coup séparés et observés avec défiance qu'à continuer de vivre côte à côte. Des rencontres fortuites, à la dérobée, à de longs intervalles, entre jeunes gens et jeunes filles jusque là camarades de classe, rencontres inévitables dans le régime de vie américain, auraient de bien plus graves inconvénients que leur constante et régulière réunion aux mêmes heures dans les mêmes cours. »

Pages 136 et 137 : « Le système de la coéducation des sexes, limité d'abord à l'école élémentaire, étendu depuis aux *grammar-schools* (1), et aux *high schools* (2), a pris faveur dans ces dernières années, même pour l'enseignement supérieur et pour les écoles

(1) Écoles de grammaire.
(2) Écoles supérieures.

normales. En 1871, un riche citoyen de New-York, M. Sage, proposait d'établir à ses frais, comme annexe à l'Université unique en son genre fondée par M. Cornell à Ithaca, un collège de jeunes filles. L'idée rencontra d'abord une assez vive opposition. L'Université Cornell, située dans un des plus beaux sites de la région, près de la petite ville d'Ithaca, semblait une sorte de retraite romantique où il serait singulier de réunir, loin des yeux de leurs familles, quelques centaines de jeunes gens des deux sexes de dix-huit à vingt-cinq ans. Ils seraient pour la plupart obligés d'habiter, soit chez des professeurs, soit dans des pensions spéciales ; leurs incessantes allées et venues du collège à la pension, de l'atelier à la salle des cours, de l'université à la ville ne comporteraient pas la moindre surveillance, car l'idée de la surveillance et de la prohibition blesse trop les mœurs américaines pour qu'on y songe. Consultés sur ce projet, avant d'accepter la donation offerte, les *trustees* (1) de l'Université décidèrent de faire une enquête sur les avantages et les inconvénients de la coéducation des sexes appliquée aux adultes. Le président de l'Université Cornell, M. White, un des hommes dont le nom a le plus d'autorité aux Etats-Unis, dirigea l'enquête et se chargea du rapport. « Notre comité, dit-il, ne s'est « adressé qu'aux établissements où l'expérience de la « coéducation a été faite. Demander des avis à d'autres, « *ce serait comme si les Japonais, invités à établir des che-* « *mins de fer et des télégraphes, allaient consulter sur* « *ce sujet d'éminents philosophes chinois, au lieu de venir* « *voir fonctionner les télégraphes et les chemins de fer établis.* »

(1) Administrateurs.

» Les établissements d'enseignement secondaire ou supérieur qui admettent le régime mixte étaient encore assez peu nombreux : ils furent tous passés en revue ; leurs directeurs, leurs plus anciens professeurs furent interrogés oralement et par écrit. Toutes les réponses s'accordèrent ; non-seulement il y avait UNANIMITÉ sur les conclusions, absolument favorables au système, mais des faits précis, des détails nombreux étaient allégués à l'appui de cette opinion par des hommes d'une incontestable expérience et placés dans des conditions très-différentes. Partout on atteste que la présence des jeunes filles a fait prendre aux étudiants instinctivement une meilleure tenue, un meilleur ton, plus d'ordre et plus de suite dans le travail. Partout aussi on signale quelques jeunes filles au premier rang dans les études où l'on s'attendrait le moins à les voir briller, le grec et les mathématiques par exemple. Les autres, celles même qui ne peuvent viser si haut, se distinguent, du moins en général, par un travail si régulier et si consciencieux, qu'il est de bon exemple pour tous et contribue à élever la moyenne de la classe. Enfin, contrairement à toutes les craintes, le plus sûr effet de cette éducation en commun avec les jeunes gens est d'inspirer aux jeunes filles, au lieu d'airs pédants ou hardis, une modestie, une réserve, une tenue toute féminine sans laquelle, elles le sentent bien, elles perdraient tout leur prestige auprès de leurs jeunes compagnons d'études.

» Le résultat de cette enquête fut, comme on le pense, de décider l'Université Cornell à accepter l'annexe féminine sous le nom de collége Sage, et depuis 1874 elle compte dans ses différentes sections un nombre croissant de jeunes filles admises à suivre les mêmes cours, aux mêmes conditions et après les mêmes examens que les étudiants. »

Autres extraits du même rapport officiel, pages 138 et suivantes :

« Où la distance oblige à établir un réfectoire dans l'établissement, étudiants et étudiantes sont réunis à chaque repas, et le plus souvent même se placent à leur convenance, sans surveillant ni surveillante bien entendu. Nous avons assisté à quelques-uns de ces dîners d'école et de collége mixtes, et nous devons dire que rien ne ressemble moins à nos repas d'internat. Nul besoin de discipline; la tenue est irréprochable, et elle ne peut pas ne pas l'être; la conversation est tranquille, aisée, agréable, sans embarras comme sans folle gaieté. C'est en particulier le spectacle que nous avons eu à Ithaca, dans l'élégant *boarding house* (1) où un certain nombre de jeunes gens sont admis à prendre leurs repas en commun avec les jeunes élèves du Collége Sage.

» Il va de soi que là, comme partout où l'on a pris résolûment le parti de traiter ces jeunes gens et ces jeunes filles en personnes responsables, et de les laisser par conséquent pleinement maîtres de leurs actes, ils n'ont besoin de la permission de personne pour se rendre visite, si bon leur semble, pour faire des promenades ensemble, pour échanger des invitations à des fêtes scolaires, à des réunions de musique, etc. Si au premier abord cette liberté semble périlleuse, *il ne faut pas perdre de vue que dans toutes les questions qui touchent à l'honneur des femmes, la loi et les mœurs américaines sont d'accord pour les protéger: le séducteur n'a le choix que*

(1) Pension.

d'épouser la femme qu'il a séduite, ou d'expier sa faute par
la prison et par d'énormes amendes.

» Tout ce que nous venons de dire des colléges
mixtes peut-être dit *à fortiori* des écoles normales. Nous
ne saurions dissimuler tout ce qu'offre d'étrange le premier aspect de ces établissements. C'est bien là,
semble-t-il, qu'on devrait le moins s'attendre au mélange
des sexes et qu'il serait le plus difficile de le faire ad-
mettre en Europe. Plusieurs de ces établissements sont
des internats, ou, si l'internat ne s'y trouve pas annexé,
il est remplacé par une série de pensions bourgeoises
placées aux environs et souvent dans la dépendance de
l'école ; la population de l'école normale est généralement très-mélée ; on y voit des élèves de tout âge dans
les deux sexes, les uns sortant de la *high school* et tout
jeunes, les autres ayant pratiqué l'enseignement parfois
pendant plusieurs années et venant chercher dans un
complément d'études les moyens d'améliorer leur position. La nature même des études professionnelles et des
exercices pratiques qui s'y rattachent, la vie en commun
dans le présent et la perspective de leurs futures rela-
tions comme collègues dans l'enseignement, tout doit
contribuer à rapprocher les uns des autres ces instituteurs et ces institutrices beaucoup plus qu'il n'arrive
pour les élèves des *high schools* ou des colléges, qui à
leur départ se dispersent souvent pour ne plus se revoir.

» Mais ce ne sont là, au jugement des Américains, ni
des obstacles ni des dangers. C'est même dans les écoles
normales qu'ils trouvent à la coéducation des sexes le
moins possible d'inconvénients...

» Ce régime de pleine liberté, même et surtout dans
des établissements mixtes peuplés d'adultes, surprend

sans doute les étrangers; il ne peut, il ne doit pas choquer les Américains. Il nous est arrivé parfois, en quittant une de ces grandes écoles normales situées d'ordinaire dans un village, de voir dans le train qui nous ramenait à la ville un certain nombre d'élèves de l'école normale, retournant dans leur famille, souvent à plusieurs milles de l'école, et descendant successivement aux diverses stations voisines. Dans le train, dans la gare, dans le chemin de la gare à l'école ou à la maison, nul ne s'étonnait de voir ces jeunes filles, les unes voyager seules tous les jours, d'autres causer en toute liberté avec les jeunes gens qui, des mêmes villages, vont chaque jour comme elles à l'école normale. Il faut avoir vu combien ces façons d'agir semblent naturelles à tout le monde, pour comprendre à quel point il serait absurde d'affecter de faire cesser à la porte de l'école la liberté qui règne partout ailleurs...

» Quelques précautions qu'on ait pu prendre, dira-t-on, et quelque accoutumés qu'ils puissent être à se rencontrer sans cesse, dans le nombre de ces jeunes gens des deux sexes, libres de leurs personnes, il est bien impossible qu'il ne se crée pas des liaisons qui, pour les plus honnêtes d'entre eux, mèneront au mariage. *A moins de supposer la nature humaine complétement autre en Amérique que dans le reste du monde*, il arrivera, et ce ne sera pas l'exception, que les études elles-mêmes, si sérieuses qu'on les suppose, serviront, non pas de prétexte, mais d'occasion naturelle à établir ces affinités et ces sympathies : telle jeune fille dont les compagnons de classe auront l'occasion d'apprécier la distinction, l'esprit, la grâce, le savoir dans ses réponses, dans son travail quotidien, inspirera sûrement à quelqu'un d'entre eux une tendre admiration, et il n'y aura rien d'étonnant si elle sort fiancée de l'école.

» Les Américains n'en disconviennent pas. « Si c'est « là une objection fondamentale, » dit un des hommes dont l'opinion a le plus de poids dans la matière, le docteur Fairchild, président du plus ancien et d'un des plus grands colléges mixtes, celui d'Oberlin (Ohio), « si « c'est là un vice capital du système, notre système est « condamné. La majorité de notre jeunesse forme ces « liaisons entre seize et vingt-quatre ans, et c'est la « période des études en commun. Ce serait un état de « choses tout à fait contre nature s'il ne se formait pas « de telles liaisons entre nos élèves. Mais là n'est pas la « question: Ce qu'il serait raisonnable de demander, « c'est si ces liaisons, si les engagements mutuels qui « les suivent pourraient être contractés dans des condi- « tions plus favorables, dans des circonstances offrant « plus de chances de choix réfléchi et, par conséquent, « de bonheur dans le mariage. »

» En voici un autre exemple, d'autant plus remarquable qu'il se trouve dans un discours prononcé devant une assemblée considérable et en grande partie composée de jeunes gens des deux sexes :

« Mais, dira-t-on, n'est-il pas à craindre que des atta- « chements naissent? Je saisis ce taureau par les cornes, « car c'est un taureau. Oui, des attachements naîtront, « du moins je l'espère bien. Et dans quelles conditions « pourraient-ils se former qui fussent plus favorables? « Dans quelles circonstances ces liaisons pour toute la « vie pourraient-elles commencer sous de meilleurs « auspices? Combien les chances d'erreur, dans cette « grave matière, ne sont-elles pas diminuées par le vaste

« champ où s'exerce cette intelligente sélection? Non, je
« ne crains pas ces attachements dans les institutions où
« la coéducation a été le plus complétement appliquée.
« On me dit que les unions commencées ainsi ont été les
« plus heureuses et qu'elles n'ont pas eu pour effet de
« distraire du travail de la classe. « L'amour, dit Lan-
« dor, enfermant tout un volume de sagesse en une
« seule maxime, l'amour est une passion de deuxième
« ordre pour ceux qui aiment le plus, une passion de
« premier ordre pour ceux qui aiment le moins. » L'hon-
« neur même et la conscience exercent un contrôle su-
« prême sur ceux en qui l'amour est le plus absorbant.
« Vraiment il n'y a rien de plus noble qu'un tel amour,
« rien qui nous élève davantage dans l'échelle des
« êtres, etc. » Et il termine par ce mot fameux de Steele
qu'on cite sans cesse : « *To love her, was a liberal educa-*
« *tion.* L'aimer, c'était une éducation. » (Discours du
colonel Homer Sprague à la pose de la première pierre
du collége Sage)... Cette thèse est celle de tous les
pédagogues américains que nous avons interrogés sur
cette même question.

    » C'est aussi, ce qui est plus piquant, l'opinion des
élèves eux-mêmes; car, avec ce système de franc-parler
qu'ils appliquent à tout, les Américains ne font point de
difficulté de recueillir le témoignage des intéressés.
Nombre d'écoles normales et de *high schools* avaient traité,
soit comme sujet donné, soit comme sujet librement
choisi, la question de la coéducation des sexes. Nous
prenons au hasard, dans les cahiers d'élèves d'une des
meilleures écoles normales mixtes du centre, quelques
phrases de la dissertation d'une jeune fille sur ce sujet :

.... On discute dans tous les *meetings* (1) scolaires de ce pays si les garçons et les filles doivent être instruits en commun. C'est là la forme américaine d'une question qui se retrouve partout et qui prend diverses expressions suivant les temps et les pays. Si nous la traitions aujourd'hui dans quelque ville d'Orient, voici probablement la forme qu'elle prendrait : Les femmes peuvent-elles se promener dans les rues sans voile, peuvent-elles s'asseoir à table avec leurs maris sans mettre en péril la morale publique? Si nous étions à Paris, la question se poserait ainsi : Les jeunes filles honnêtes peuvent-elles se promener seules dans les rues? En Palestine on dirait : Les femmes sont-elles faites pour de plus nobles emplois que ceux de bêtes de somme? A Philadelphie, nous demandons si les jeunes gens et les jeunes filles peuvent être instruits ensemble dans le même établissement, si les femmes peuvent développer leurs facultés intellectuelles comme les hommes. C'est toujours la même question présentée sous des formes diverses.

Le principal argument des adversaires de l'instruction mixte consiste à dire que lorsque les jeunes gens et les jeunes filles sont assemblés dans le même local, leur esprit est absorbé par des préoccupations complétement étrangères à l'étude. Nous nions ce fait. Et, pour le nier, nous nous appuyons sur l'expérience qui en démontre la fausseté. Voyez ce qui se passe dans nos écoles normales, où les jeunes gens et les jeunes filles sont réunis au réfectoire et dans les classes. Il est évident que dans une école qui compte trois ou quatre cents élèves des deux sexes, quelques-uns se laissent distraire par des préoccupations étrangères à leurs livres et à leurs études. Mais le mélange des sexes paraît plutôt agir comme un encouragement au travail, et fortifier ainsi les études. Il y a bien peu d'élèves dont l'amour-propre ne soit pas excité par là.

On ne saurait nier que l'accomplissement en commun des devoirs de la vie d'étudiant sert de frein aux jeunes gens et aux jeunes filles, et les fait marcher d'un pas plus ferme dans la voie de la morale.

Tout le monde sait quelles sont les tentations qui assiégent un

(1) Assemblées ou Réunions.

jeune homme à son entrée dans la vie de collége. Quelques-uns
sont assez forts pour résister à ces tentations, mais le plus grand
nombre y succombe. Il faut que la présence de jeunes demoiselles d'un caractère estimable et respectable les fortifie ou, en
leur faisant honte, les empêche de céder à leurs mauvaises
pensées.

Ceci s'applique également à la jeune fille. La présence de
jeunes gens qui sont ses amis l'empêchera de commettre beaucoup de mauvaises actions. De cette façon, ils se protégeront
mutuellement, et cette bonne influence scolaire produira ses
effets sur le reste de leur vie. Ainsi le mélange des deux sexes
produit naturellement un effet moralisateur. Il exercera aussi
son influence sur la tenue des élèves, sur leur conversation et
leurs manières; car ils chercheront naturellement à paraître avec
tous leurs avantages. Ainsi l'étudiant n'aura pas besoin de
s'écarter de son chemin ni de négliger ses études pour acquérir
l'usage du monde. Il se trouvera placé au milieu de la société et
il n'aura qu'à conformer ses pensées, ses sentiments et ses manières aux circonstances dans lesquelles il se trouvera placé. Il
ne sent pas plus cette influence qu'il ne sent l'air qu'il respire,
mais elle agit sur ses pensées et sur ses sentiments, elle les fortifie et les développe comme le rayon de soleil fortifie et fait
pousser le brin d'herbe.

Au lieu de cette éducation de famille, si l'on sépare les jeunes
gens des deux sexes, on ne fait que remplir leur esprit de sottes
idées qui ont souvent une fâcheuse influence sur le reste de leur
vie.

... Quand même il se formerait à l'école des attachements
qui se termineraient plus tard par le mariage, serait-ce une objection suffisante contre la réunion des deux sexes? Si les
études et les autres devoirs scolaires n'en souffrent pas, *ne
vaut-il pas mieux qu'un jeune homme et une jeune fille forment un
attachement l'un pour l'autre sous l'influence salutaire de la règle de
l'école, où ils s'efforcent tous les deux d'atteindre un noble but, le
développement de leurs facultés intellectuelles, la pureté de l'âme?
Préférez-vous qu'ils forment cet attachement au milieu des lumières
éblouissantes et des parfums enivrants d'une salle de bal?*

... Ne craignez donc rien; faites tourner sur leurs gonds

rouillés les vieilles portes de tous nos établissements scolaires, sans exception, et que femmes et hommes puissent y recevoir librement l'instruction qu'ils désirent.

» Pour que ce langage, pour que ces usages ne surprennent pas trop, il faut là encore se placer au point de vue américain : chez nous, ce sont les parents qui marient la jeune fille : en Amérique, c'est elle-même. A elle donc de juger, de choisir, de s'éclairer. La loi, dans plusieurs États, lui donne, à peine au sortir de l'enfance, liberté pleine et pleine responsabilité...

» Une des choses qui peuvent le mieux nous aider à comprendre même ce qui est le plus éloigné de nos usages, c'est l'idée de justice et d'équité qui est la base du système américain de la coéducation des sexes à tous les degrés. Comme le disait spirituellement, à l'ouverture du collége Sage, le chancelier de l'Université de Syracuse, « il ne s'agit pas de savoir si nous aimons, « nous autres hommes, qu'une femme traduise Homère « ou étudie le calcul différentiel ; il s'agit de son droit « et non de notre goût. Il y a nombre de carrières aux- « quelles la femme peut prétendre si elle a reçu une « éducation supérieure. Libre à nous de la critiquer, mais « non de l'entraver. On ne voit pas de quel droit une « moitié de la société interdirait à l'autre un certain « nombre de moyens d'existence... »

» On le voit, c'est bien le *droit* de la femme qui a été pris en considération et qui a fait établir ici des colléges spéciaux pour les filles, là des colléges et des universités mixtes. Nous nous reprocherions de ne pas insister sur ce qu'il y a de profond et de profondément honorable dans ce respect que témoignent les institutions américaines pour le droit des individus, pour celui des minorités, pour celui, par exemple, du jeune homme ou de la jeune fille qui, désireux d'acquérir l'instruction supérieure et ne trouvant à sa portée qu'une école fondée pour l'autre sexe, demande néanmoins à y être admis. Nous avons sous les yeux, dans les rapports de M. Eaton (1), la liste des établissements d'instruction secondaire. On y trouve à chaque page une *female academy* (2), un *young ladies institute* (3), une *public school for girls* (4), qui, parmi cinquante ou cent jeunes filles, admet deux, trois, dix jeunes gens... En revanche, quoiqu'un peu moins fréquemment, nous voyons des colléges de garçons recevoir quelques filles. Exemples :

	Garçons.	Filles.
» Montgomery (Alabama). *School for boys.*	50	10
» New-Jersey. *Stevensdale institute*	20	5
» Hempstead (New York). *Institute for boys*	28	2
» Poughkeepsie (New-York). *Riverview acad.*	60	3
» Pownal (Vermont). *Home rural institute.*	13	2

» Nous avons visité telle école normale, à Milwaukee par exemple, qui compte trente jeunes filles et un jeune homme; le hasard avait maintenu cette proportion plusieurs années de suite. Ainsi, même dans des écoles qui ne sont point inscrites comme mixtes, la force des choses, disons mieux, l'esprit de justice des municipalités admet de fait le mélange des sexes, plutôt que de refuser à quelques individus les moyens de compléter leur éducation. C'est ce vif sentiment du *droit égal des deux sexes*

(1) Directeur du *Bureau national d'éducation*, à Washington.
(2) Académie ou École féminine.
(3) Institut de jeunes personnes.
(4) École publique pour filles.

qui domine toute la question pour les Américains. Les
femmes ont droit à l'instruction supérieure comme les
hommes. C'est à elles de voir comment il leur convient
d'en user. »

A toutes les raisons qui précèdent on répondra : La
société française n'est pas la société américaine ; nos
mœurs sont très-différentes, et la coéducation qui est
bonne là-bas peut être très-mauvaise ici.

Il est évident que dans un pays où la liberté règne
jusque dans l'éducation, les mœurs ne peuvent pas être
les mêmes que dans celui où l'autorité domine, surtout
à l'égard de l'enfance. Mais nous n'avons rien à gagner
à la conservation des mœurs monarchiques que nous a
léguées inévitablement le passé. Le présent doit nous
faire des mœurs républicaines, et c'est particulièrement
à la réforme de l'éducation publique que nous devons les
demander.

Nous reconnaissons que lorsqu'on veut réformer ou
innover, il faut d'abord, de toute nécessité, prendre les
choses comme elles sont, et y puiser les éléments du
mieux que l'on veut atteindre. Nous avons donc à
compter avec nos mœurs actuelles, même pour en créer
de toutes différentes.

Afin d'éviter de très-graves inconvénients, la coéducation des sexes devra être appliquée, chez nous, surtout
dans les grandes villes, avec beaucoup de prudence et
de précautions. Ces précautions ne consistent pas d'ailleurs en autre chose qu'à appliquer les principes que
nous avons établis au chapitre Ier de cette étude, surtout
à donner aux exercices physiques toute la place qui leur
convient dans le programme d'une éducation rationnelle ;

enfin *il est essentiel de commencer la coéducation dès le plus jeune âge.*

Mais, finalement, elle donnera les mêmes bons résultats en France, et partout ailleurs, qu'en Amérique ; « à moins de supposer la nature humaine complétement « autre en Amérique que dans le reste du monde », selon une observation précédente de M. Ferd. Buisson.

D'ailleurs, la coéducation des sexes a, en France, des partisans résolus, ainsi que le prouve la lettre suivante de M. Élie Peyron, pasteur protestant, adressée de Béziers, le 29 septembre, à M. Francisque Sarcey, et publiée par le *XIXe siècle* du 4 octobre 1879 :

« Etes-vous bien sûr que la coéducation des garçons et des filles serait très-difficile à acclimater en France ? Je ne le crois pas. J'en parle par expérience. Vous savez probablement que l'éducation que l'on reçoit dans nos familles protestantes françaises se rapproche beaucoup de la manière américaine, et qu'en somme nous ne nous en trouvons pas plus mal. La liberté dont nous jouissons dès notre enfance est notre sauvegarde la plus sûre.

» Habitués à être abandonnés à nous-mêmes dans nos ébats, dans nos courses, dans nos voyages, nous sentons notre initiative grandir, l'instinct de notre responsabilité se développer, l'individualité s'affirmer de bonne heure en nous et se dessiner de plus en plus fortement. Je connais un jeune homme que ses parents autorisèrent à aller parcourir nos Cévennes, à cheval, *âgé de 12 ans.* Il fit ainsi, entre autres galopades, 25 kilomètres, par une pluie battante, à travers des gorges sombres, illuminées par l'éclair ! A son arrivée, il changea de linge et dîna de fort bel appétit.

» Nos jeunes filles sont également très-libres. A Nîmes,

ma ville natale, celles-ci sortent seules, sans gouver-
nante ; elles vont à leurs leçons, en reviennent, et jamais
la pensée de s'arrêter en route ne leur viendrait à l'esprit.

» Mais, disent les mères timorées, ces enfants inexpé-
rimentées peuvent tomber dans le moindre piége. Réflé-
chissez à toutes les suites d'une heure d'égarement.

» C'est tout réfléchi, mesdames ; nos sœurs connaissent
le danger dont leur mère les a franchement averties, et
elles l'éviteraient au besoin.

» Est-ce à dire que nos jeunes filles ont une banquise à
la place du cœur ? Pas le moins du monde. Nos Nîmoises, —
qui rappellent le beau profil romain, avec leurs grands
yeux noirs et leurs regards chauds, — sont vives comme
des pinsons, rieuses comme des Napolitaines et pleines
de malice ; qu'arrive-t-il quand elles rencontrent sur
nos magnifiques boulevards, qu'aimait tant M. Ch. Bigot,
un élégant cousin ou quelque ami de leur frère ? Eh
bien, elles les saluent amicalement et leur tendent bon-
nement la main si ces jeunes gens sont accompagnés de
leur sœur ou de leur mère. Le fruit n'étant pas défendu,
il n'a pas l'attrait troublant et morbide de tout ce qui est
interdit.

» Du reste, ces enfants ne se connaissent-ils pas de
près ? N'ont-ils pas joué des charades ensemble ? valsé et
scotisché gaiement devant leurs parents, heureux de ces
jolis ébats ? N'ont-ils pas fait ensemble des parties à la
campagne ? Tout cela est sain, naturel, dans l'ordre ; et
la fréquentation journalière, la coéducation des deux
sexes, n'a d'autre résultat que d'amener des mariages
où l'on s'aime vraiment, parce qu'on a pu à loisir se connaître et s'apprécier. »

D'une émulation trop ardente entre filles et garçons peuvent résulter des excès dans le travail, des dangers très-sérieux pour la santé. Cela a été remarqué parfois aux États-Unis. Mais il n'y a là qu'une question de direction intelligente, de méthode, qui ne prouve absolument rien contre le principe des écoles mixtes. Il ne faut jamais oublier que le but général, essentiel de l'éducation est la santé ; que l'hygiène, en conséquence, doit présider, pour les deux sexes, à tout le programme, à toutes les études, à la vie entière, par une sorte d'assolement ou succession hygiénique, mais libre bien entendu, d'exercices physiques (travaux manuels et gymnastique) et d'études purement abstraites ou littéraires.

L'alternance qui convient le mieux, à chaque individu, dans l'emploi du temps, sera surtout indiqué par ses besoins normaux, par l'attraction, par l'expérience, par l'observation méthodique. Elle variera généralement avec l'âge et l'état de santé. Plus le milieu sera harmoniquement varié, et plus il en facilitera la réalisation.

« Le grand secret de l'éducation, dit J.-J Rousseau, est de faire que les exercices du corps et ceux de l'esprit servent toujours de délassement les uns aux autres. »

Bien entendu, nous ne demandons pas que l'État impose la coéducation des sexes. Nous demandons seulement que la loi ne l'empêche pas, lorsque des parents et des éducateurs voudront en prendre l'initiative. Nous demandons que la loi entre enfin dans ses attributions vraiment légitimes, et les seules respectables, qui sont de garantir le droit également à tous, et non de le violer en qui que ce soit. Nous demandons que toute idée ait la liberté de faire la conquête de l'opinion, si sa vérité et son utilité lui en donnent le pouvoir.

CONSIDÉRATIONS GÉNÉRALES
SUR L'ÉDUCATION DES FILLES

Balzac : « L'éducation des filles comporte des problèmes si graves — car l'avenir d'une nation est dans la mère — que depuis longtemps l'Université de France s'est donnée la tâche de n'y point songer. »

Maria Deraismes, *Ève contre Dumas fils*, p. 42 : « Je sais bien que l'éducation des filles est étroite et ridicule. »

Daniel Stern (comtesse d'Agoult) : « Les Scythes crevaient les yeux de leurs esclaves, afin qu'ils n'eussent point de distraction en battant le beurre. Il y a aussi des gens qui crèvent les yeux au rossignol afin qu'il chante mieux. Ne serait-on pas tenté de croire qu'une pensée analogue préside à l'éducation qu'on donne aux femmes?... L'éducation qu'on donne aux femmes est fausse, imprévoyante, superficielle, mal dirigée. »

Madame André Léo, *Les deux filles de M. Plichon*, (Paris, 1865, p. 92) : « On étouffe chez la femme le naturel, par cent réserves, par une dissimulation que de profonds philosophes découvrent ensuite sous le nom d'instinct féminin. »

John Stuart Mill, *L'assujettissement des femmes* (Guillaumin, 1869, p. 40) : « Ce qu'on appelle aujourd'hui la nature de la femme est un produit éminemment artificiel; c'est le résultat d'une compression forcée, dans un sens, et d'une stimulation contre nature, dans un autre. »

Élevez bien un garçon, vous faites un homme, et c'est beaucoup; élevez bien une fille, vous faites une femme, et c'est plus encore; car vous avez assuré la bonne culture de toutes les générations dont elle peut devenir la souche. Fénelon a donc eu raison d'écrire : « *La mauvaise éducation des femmes fait plus de mal que celle des hommes.* » (Education des filles, I), et Leibnitz : « *J'ai toujours pensé qu'on réformerait le genre humain si l'on réformait l'éducation de la femme.* » Sur l'importance fondamentale de l'éducation des filles, les témoignages sont aussi nombreux que marquants.

Cependant, malgré les progrès réalisés, l'observation suivante de Fénelon est encore trop généralement vraie : « Rien n'est plus négligé, a-t-il dit, que l'éducation des filles : LA COUTUME et le caprice des mères y décident souvent de tout. »

Les jeunes filles doivent être élevées à devenir les compagnes éclairées d'agriculteurs, d'industriels, de commerçants, d'artistes, de savants, d'hommes utiles dans tous les genres, et surtout à devenir de bonnes et intelligentes mères de famille. La pédagogie expérimentale, scientifique, doit donc faire partie de tout programme d'éducation générale, surtout pour les filles.

Il est raisonnable et moral, en outre, de préserver la femme des dangers du désœuvrement, et d'assurer son indépendance, *quelle que soit sa position sociale ou sa fortune;* par une éducation professionnelle en rapport avec sa nature, avec ses aptitudes.

Enfin, une femme aussi peut avoir, avec la responsabilité d'elle-même, celle d'une famille. Il est donc toujours bon de la fortifier contre les événements prévus et imprévus de la vie, par la solidité et la variété de ses connaissances.

Il faut que les jeunes filles, comme les garçons, soient élevées à voir les choses telles qu'elles sont (et non telles qu'on les imagine sans les connaître), afin qu'elles acquièrent le sens pratique et la capacité nécessaires pour les fonctions qu'elles sont appelées à remplir. Mais il faut aussi laisser libre cours à leurs aspirations vers un idéal qui se perfectionne à mesure que la lumière se fait dans l'intelligence.

Juliette Lamber, *Le Mandarin* (Michel-Lévy, 1861, p. 128): « Tant que la femme ne verra dans l'activité déployée par l'homme qu'une question de gros sous et de chiffons, l'homme usera ses facultés dans les luttes mesquines, et n'entreprendra aucune de ces fortes actions qui servent d'enseignement aux races futures. »

Clémence Royer, *Pensée nouvelle*, 13 oct. 1867, p. 174, c. 1 : « On a voulu que la femme fût incapable pour le mal ; on l'a faite incapable même et surtout pour le bien. »

Léon Richer, *Droit des femmes*, 10 juillet 1869, p. 2, c. 1 : « C'est la femme qui fait l'homme, ne l'oublions pas ! Elle le fait comme mère, elle le fait comme épouse, elle le fait comme sœur, elle le fait comme amie... Faisons donc en sorte que la femme n'ait plus de préjugés, afin qu'elle n'en puisse transmettre aucun. »

Patrice Larroque, *De l'organis. du gouvernem. républic.*, 1870, p. 87-88 : « Mais l'éducation et l'instruction des femmes ! N'y a-t-il donc rien à faire ici ? Au contraire : il y a tout à faire. Tant que l'éducation frivole, donnée aux femmes, et qui est quelquefois pire que l'ignorance même, ne sera pas remplacée par une éducation sérieuse et forte, elles continueront d'être la proie des prêtres et des libertins, et avec des femmes bigotes ou dissolues, souvent même à la fois bigotes et dissolues, n'espérez pas avoir une nation grande et libre. »

« La première éducation est celle qui importe le plus, a dit J.-J. Rousseau (*Emile*, 1), et cette première éducation appartient incontestablement aux femmes... parlez donc toujours aux femmes, par préférence, dans vos traités d'éducation. »

A plus forte raison, est-il essentiel de s'occuper surtout des filles, dans l'éducation elle-même.

Cependant l'Etat, qui doit représenter la justice collective, n'a guère fait jusqu'ici que le mal dans l'instruction primaire des filles, en la livrant toujours à la superstition et à l'imposture, souvent à l'ignorance; pour leur instruction secondaire et leur instruction supérieure, il n'a encore RIEN fait.

Jules Simon : « Il n'y a aucune raison au monde qui puisse faire que les sacrifices consentis par l'Etat, en faveur des garçons, ne le soient pas de même en faveur des filles... Ici, à côté de la justice, il y a un intérêt qui est tout uniment le premier intérêt du monde. »

Emile de Girardin, 1833 : « Les femmes portent l'avenir des sociétés dans leur sein; jamais il n'y aura de progrès rapides et réels que ceux qui leur seront dûs. »

VI

L'ÉDUCATION DANS LA FAMILLE ET L'INTERNAT

> Une famille ne peut pas réunir les conditions
> nécessaires pour bien faire l'éducation de ses
> enfants, et elle ne doit cependant se désintéresser
> en rien de cette question fondamentale, qui em-
> brasse et comprend toutes les autres questions.
> F. Cantagrel, *Les Enfants au Phalanstère*
> (Paris, 1846, éd. 2e, p. 13) : « LA MÈRE : Ah !
> monsieur, je ne voudrais pas me séparer de
> mon fils !
>
> » X : Laissez-moi croire, madame, que si
> vous étiez certaine que votre fils fût mieux
> élevé ailleurs que chez vous, et par d'autres
> que vous, vous trouveriez la force de vous sé-
> parer de lui; car vous l'aimez pour lui, sans
> doute, et non pour vous... »

La société de l'enfant, nécessaire à l'enfant, l'inces-
sante variété des exercices, des études et des rapports
individuels, sont des conditions qui, à elles seules, permettent d'affirmer que la famille ne peut pas, aujourd'hui
du moins, réunir les conditions de bonne éducation que
nous avons établies au début de cette étude.

D'ailleurs, suffit-il d'être père ou mère pour être pé-
dagogue ou éducateur capable ?

En outre, remarquons que nul ne voudrait avoir la
prétention de posséder le métier le plus vulgaire sans en
avoir fait l'apprentissage. Lorsqu'il s'agit de l'éducation,

de l'art le plus complexe, le plus délicat, le plus difficile peut-être, en tout cas le plus important, comment pourrait-on prétendre que tous les parents sont suffisamment capables de le bien pratiquer sans l'avoir jamais appris? Tous ont-ils donc aussi les dispositions, les goûts et la patience spéciale qui sont nécessaires pour bien élever les enfants? Et ceux qui répondent à ces conditions, en ont-ils les loisirs et les possibilités?

Donc, il ne faut pas répondre aux justes critiques qui ont été faites contre les vices et les monstruosités de l'internat caserne ou couvent, par la suppression absolue de l'internat ou de toute institution qui s'occupe entièrement de l'éducation de l'enfant. Ce qu'il faut demander, c'est la réalisation des conditions nécessaires à une éducation vraiment rationnelle. Ces conditions, que nous avons indiquées, on est très-loin de les trouver réunies dans la généralité des établissements actuels, et l'on peut se demander s'il est des familles pour lesquelles elles sont aujourd'hui réalisables.

VII

APPEL A L'INITIATIVE PRIVÉE

L'erreur et l'imposture ont groupé des dévouements et des forces, de manière à constituer
des institutions puissantes, dont l'influence s'é-
tend dans les cinq parties du monde. Que ne
fera-t-on pas, par la science, pour la vérité et
pour le bien! Que ne fera-t-on pas pour la paix
définitive, par la liberté et la justice!

Malesherbes : « On ferait beaucoup plus de
grandes choses si l'on en croyait moins d'impossibles. »

Toute la supériorité ou toute l'infériorité d'un peuple
est le produit de son éducation.

L'éducation est la base de toute politique. A une politique nouvelle, une éducation nouvelle.

L'éducation est donc la plus importante des fonctions
sociales, celle où il est possible de faire le plus de bien,
ou le plus de mal. Elle est la question qui embrasse et
domine toutes les autres. La réforme de l'éducation est
la réforme fondamentale à réaliser, et la meilleure préparation à toutes les autres réformes, à tous les progrès.

« Il est incontestable que la base fondamentale de
toute vraie prospérité, soit pour l'individu, soit pour la
famille, soit pour l'Etat, se trouve dans l'éducation. »
(Rambosson, *L'éducation maternelle*, Didot, 1872, p. 18.)

« La mauvaise éducation physique et morale résume

les principes de la décadence des peuples. » (Dr Clavel, *Traité d'éducation*, V. Masson, 1855, tome 1, p. ɪᴠ.)

« Pestalozzi proclama que « l'éducation est le centre d'où tout doit partir », et ajouta que « l'Etat doit considérer cet objet comme le plus essentiel et lui subordonner tout le reste. » En septembre 1798, refusant les hautes dignités politiques qu'on lui offrait, il se bornait à répondre : *Je veux devenir instituteur.* » (Charles Robert, *L'instruction obligatoire*, 1871, p. 112.)

Pestalozzi ne pensait ainsi que parce qu'il voyait l'éducation comme elle doit être plutôt que telle qu'elle est. Il avait donc raison. La plus grande ambition que puisse avoir un homme de bien, toute personne qui a l'amour, la passion de la vérité, de la justice, de l'ordre social, c'est l'ambition de bien élever le plus possible d'enfants, ou de concourir, dans la mesure de tous ses moyens, à cette œuvre suprême.

Les maîtres de l'Antiquité esclavagiste n'avaient jamais à former des hommes de liberté ; aussi confiaient-ils volontiers l'éducation de leurs enfants à des esclaves. Les monarchistes ont placé les instituteurs — lorsqu'ils ont dû les subir — dans la plus grande dépendance possible. Ce n'est pas certainement à des hommes libres qu'ils pouvaient confier le soin de former des sujets. Avec les progrès de la société, la situation de l'éducateur a grandi et grandira jusqu'à ce qu'elle devienne ce qu'elle mérite d'être (1).

---

(1) « C'était, je crois, en 1823. A cette époque, le rapporteur du budget de la Chambre proposait simultanément d'augmenter le budget de l'élève des bestiaux et la suppression des deux écoles de Châlons et d'Angers, destinées à l'éducation des ouvriers, » (Charles Dupin, *Annuaire* de la Société des anciens élèves des écoles d'arts et métiers, 1848, p. 12).

C'est aux États-Unis d'Amérique, où les mœurs nationales se sont formées en toute liberté, où l'initiative individuelle n'était ni paralysée ni même entravée par des lois de priviléges et d'exceptions et par tous les abus qui en sont les conséquences inévitables, c'est aux États-Unis que l'on a commencé à donner à l'Instruction publique, sans administration gouvernementale, la première place qui lui est due dans toute nation vraiment démocratique.

Les États-Unis ont des établissements considérables d'éducation complète, et pour les filles aussi bien que pour les garçons. La plupart de ces établissements sont dûs à l'initiative privée. De simples particuliers en ont créé entièrement à leurs frais, en y consacrant des millions.

A quand la France?

Sur ce terrain éminemment civilisateur, nous laisserions-nous battre par l'aristocratique Angleterre? Nous lisons en effet, dans la *France* du 26 septembre 1879, p. 3, c. 2 :

« Voici un exemple d'initiative privée qui rappelle les largesses des citoyens américains en faveur de l'instruction publique :

» Un riche propriétaire anglais, M. Thomas Holloway, fait actuellement élever à ses frais à Mount Lee, Egham (comté de Surrey), un collége de demoiselles. D'après les devis, la construction du collége coûtera à elle seule 257,000 liv. st., soit près de 6 millions 1/2 de francs. La première pierre de ce collége a été posée samedi. Le style architectural de l'édifice sera celui de François Ier. La façade sera composée de briques rouges et de carreaux de ciment de Portland et aura environ 150 mètres de longueur. »

Si la première nation est celle qui a la meilleure éducation publique, pour la plus forte proportion de ses individus des deux sexes, il faut reconnaître que ce n'est pas encore en France qu'il y a le plus de patriotisme, dans la meilleure acception du mot; et l'on peut juger ce que vaut celui des Français qui sont ennemis de la lumière... pour les autres ; car nul n'en est jamais ennemi pour soi ni pour les siens.

En attendant que nos gouvernants, que nos mandataires politiques comprennent et remplissent leur devoir à ce sujet, il faut que l'initiative privée les stimule de toutes ses forces, malgré les entraves légales qui subsistent encore, et dont il faut également poursuivre sans relâche la suppression.

Quant à nous, après plus de vingt années de préparation, d'études persévérantes, nous avons créé, en 1875, une maison d'éducation pour jeunes filles, sous l'inspiration des vues et des principes que nous avons exposés dans cet écrit.

Nous ne venons donc pas simplement grossir le nombre des idées purement abstraites qui sont lancées chaque jour dans le public. Nous présentons les nôtres avec des preuves, avec un commencement de réalisation, avec l'appui d'autorités considérables, avec la conscience des difficultés à vaincre et du temps nécessaire, avec l'expérience, pour en assurer définitivement le succès.

L'état actuel de la question, le cours favorable des préoccupations publiques, la théorie expérimentale, scientifique que nous avons sommairement établie dans notre chapitre Ier, tant de faits et tant d'opinions d'origines les plus différentes que nous avons pour nous, fortifient notre confiance et notre espoir.

Aussi, croyons-nous de notre devoir, en vue d'assurer la plus grande somme possible de résultats, dans le moindre temps possible, de faire appel à tous les genres de concours, même à la critique.

Nulle carrière ne peut donner, à tous les talents utiles, à toutes les vocations naturelles, à tous les dévouements, une satisfaction plus complète, que l'éducation telle que nous l'avons indiquée.

Victor de Laprade, de l'Académie française, l'*Éducation homicide* (Didier, 1868, p. 141) : « Par-dessus tout, que les pensionnats soient placés hors des grandes villes. La véritable éducation, la saine et joyeuse et vivifiante culture de l'enfant, ne peut bien se faire qu'à la campagne. »

INSTITUTION RAMA, POUR JEUNES FILLES
à 22 minutes au sud de Paris, par le chemin de fer de Sceaux.
Bourg-la-Reine (Seine), rue de la Gare, 5.

Bourg-la-Reine est une commune d'environ 2,180 habitants. Cette partie de la banlieue est restée tout à fait campagne, quoiqu'elle soit des plus saines et des mieux situées. Elle ne reçoit pas, comme le Nord de Paris, les vents chauds qui ont traversé la capitale, ni les gaz et la fumée de nombreuses usines de toutes sortes. Elle n'a pas non plus, comme la banlieue située en aval de la Seine, les inconvénients dangereux des égouts de Paris. Enfin, elle n'est point du tout exposée aux inondations. Bourg-la-Reine réunit les conditions d'hygiène physique et morale (1) reconnues nécessaires comme point de départ d'une bonne éducation, conditions qu'une grande ville, un centre industriel, et même certaines campagnes ne peuvent offrir.

L'institution est tout à côté de la gare. Elle a un beau jardin, ombragé de grands arbres, avec gymnase.

Elle a, pour ainsi dire sous la main : télégraphe, bureau de poste, médecin et pharmacien.

Son programme comprend toutes les matières de l'étude, sans exception : langues, arts et sciences, économie domestique, préparation à tous les examens, législation usuelle, etc. Mais chaque élève n'en suit que ce qui lui convient, d'après l'avis des parents.

Une attention constante est donnée aux choses de la vie pratique : personnelle, domestique et sociale.

Des soins particuliers sont apportés à la santé et à l'éducation morale. Dans ce but, toute la part nécessaire est faite aux exercices physiques.

La méthode rationnelle, scientifique, est appliquée à toutes les études.

Les élèves sont isolées quand cela est utile, groupées le plus souvent, selon les besoins de leurs progrès.

La liberté de conscience est assurée également pour toutes les croyances (Bourg-la-Reine a une église et un temple protestant). Les recommandations précises des parents sont observées sur ce point tout particulièrement, pour chaque élève, de la façon la plus scrupuleuse.

Aucune limite d'âge n'est fixée pour l'admission.

Les sourdes-muettes sont admises. L'institution leur applique la méthode qui leur permet de *parler* avec les *entendants-parlants* et de prendre part, avec eux, sans les retarder, aux études générales.

L'institution Rama garantit aussi de l'instruction aux jeunes filles arriérées.

L'institution ne reçoit point d'externes et n'a pas d'uniforme.

Elle a des chambres pour les pensionnaires les plus âgées qui veulent être seules.

Les grandes vacances sont facultatives.

(1) La localité ne se prête point à de mauvais exemples.

INSTITUTION RAMA, POUR JEUNES FILLES

fondée en 1875

BOURG-LA-REINE (SEINE), RUE DE LA GARE, 5

~~~~~~~~~~

Campagne choisie pour l'hygiène. — Soins exceptionnels de la santé et de l'éducation morale. — Programme *utilitaire*, dans la plus large acception du mot, sans exclure aucun des éléments des programmes ordinaires pour l'éducation des filles. — Méthode rationnelle, scientifique, pour toutes les études. — Liberté de conscience assurée également pour toutes les croyances. — Admission sans condition d'âge. — Point d'externes.

Télégraphe, bureau de poste, médecin et pharmacien.

A 22 MINUTES AU SUD DE PARIS

Par le chemin de fer de Sceaux

DÉPARTS : de Paris, toutes les heures 8 minutes;
— de Bourg-la-Reine, toutes les heures 53 minutes.

Paris. — Imp. Moderne (Wattier, D.), 61, rue J.-J.-Rousseau.

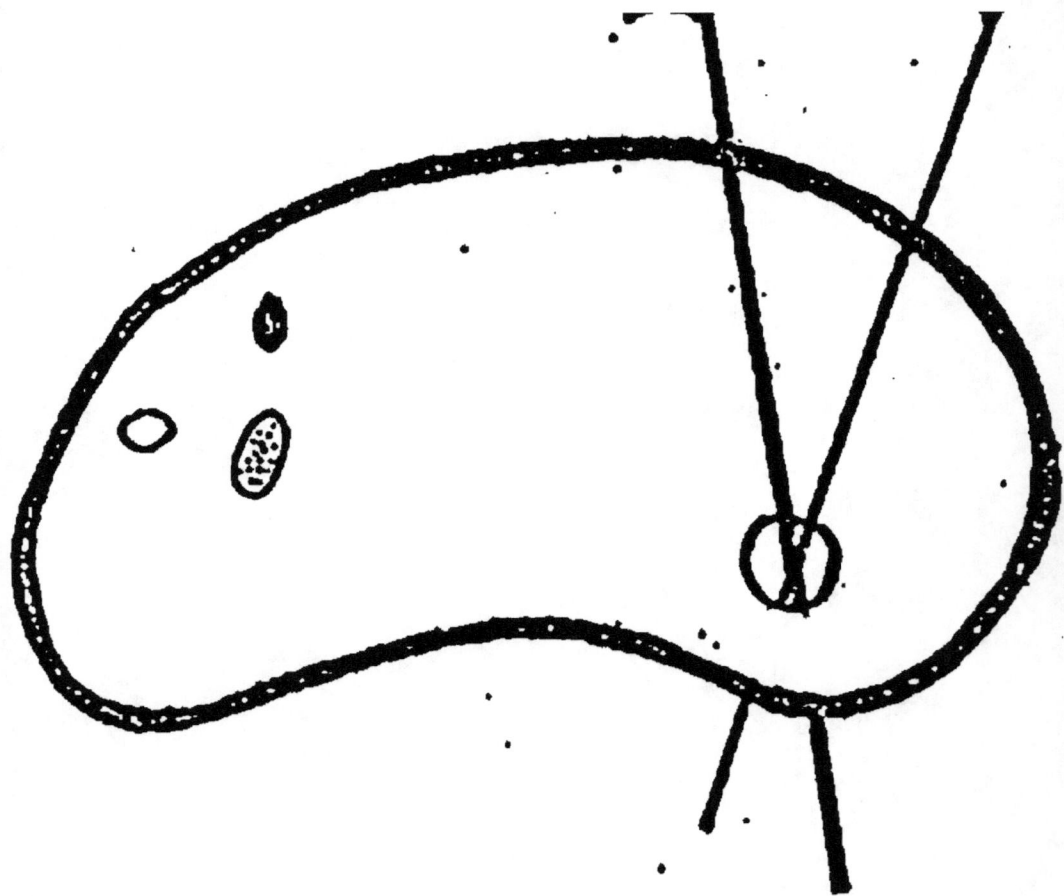

ORIGINAL EN COULEUR

Victor de Laprade, de l'Académie française, l'*Éducation homicide* (Didier, 1868, p. 141) : « Par-dessus tout, que les pensionnats soient placés hors des grandes villes. La véritable éducation, la saine et joyeuse et vivifiante culture de l'enfant, ne peut bien se faire qu'à la campagne. »

INSTITUTION RAMA, POUR JEUNES FILLES

à 22 minutes au sud de Paris, par le chemin de fer de Sceaux.
Bourg-la-Reine (Seine), rue de la Gare, 5.

Bourg-la-Reine est une commune d'environ 2,180 habitants. Cette partie de la banlieue est restée tout à fait campagne, quoiqu'elle soit des plus saines et des mieux situées. Elle ne reçoit pas, comme le Nord de Paris, les vents chauds qui ont traversé la capitale, ni les gaz et la fumée de nombreuses usines de toutes sortes. Elle n'a pas non plus, comme la banlieue située en aval de la Seine, les inconvénients dangereux des égouts de Paris. Enfin, elle n'est point du tout exposée aux inondations. Bourg-la-Reine réunit les conditions d'hygiène physique et morale (1) reconnues nécessaires comme point de départ d'une bonne éducation, conditions qu'une grande ville, un centre industriel, et même certaines campagnes ne peuvent offrir.

L'institution est tout à côté de la gare. Elle a un beau jardin, ombragé de grands arbres, avec gymnase.

Elle a, pour ainsi dire sous la main : télégraphe, bureau de poste, médecin et pharmacien.

Son programme comprend toutes les matières de l'étude, sans exception : langues, arts et sciences, économie domestique, préparation à tous les examens, législation usuelle, etc. Mais chaque élève n'en suit que ce qui lui convient, d'après l'avis des parents.

Une attention constante est donnée aux choses de la vie pratique : personnelle, domestique et sociale.

Des soins particuliers sont apportés à la santé et à l'éducation morale. Dans ce but, toute la part nécessaire est faite aux exercices physiques.

La méthode rationnelle, scientifique, est appliquée à toutes les études.

Les élèves sont isolées quand cela est utile, groupées le plus souvent, selon les besoins de leurs progrès.

La liberté de conscience est assurée également pour toutes les croyances (Bourg-la-Reine a une église et un temple protestant). Les recommandations précises des parents sont observées sur ce point tout particulièrement, pour chaque élève, de la façon la plus scrupuleuse.

Aucune limite d'âge n'est fixée pour l'admission.

Les sourdes-muettes sont admises. L'institution leur applique la méthode qui leur permet de *parler* avec les *entendants-parlants* et de prendre part, avec eux, sans les retarder, aux études générales.

L'institution Rama garantit aussi de l'instruction aux jeunes filles arriérées.

L'institution ne reçoit point d'externes et n'a pas d'uniforme.

Elle a des chambres pour les pensionnaires les plus âgées qui veulent être seules.

Les grandes vacances sont facultatives.

(1) La localité ne se prête point à de mauvais exemples.

www.ingramcontent.com/pod-product-compliance
Lightning Source LLC
LaVergne TN
LVHW022019080426
835513LV00009B/799